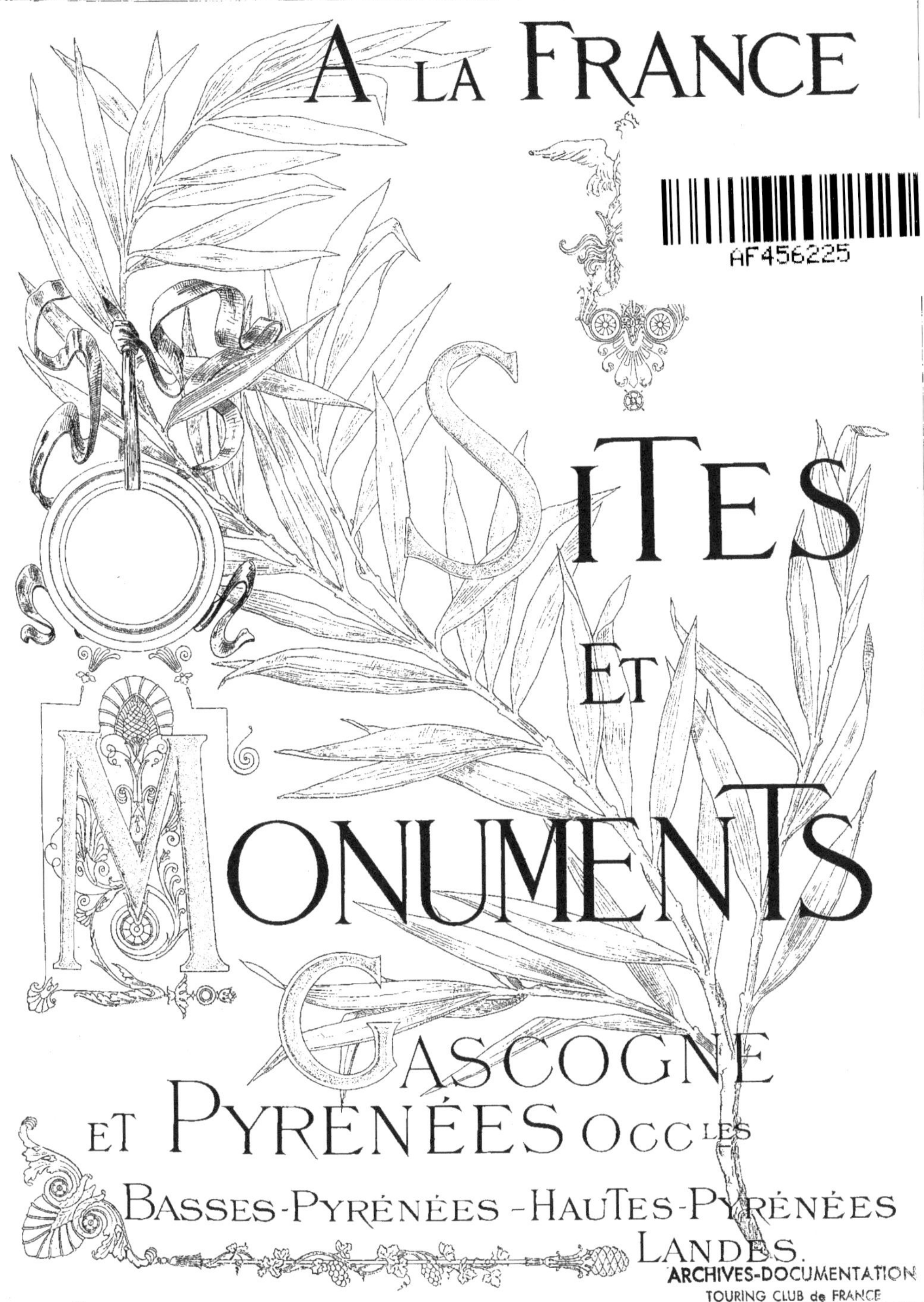
A LA FRANCE
SITES ET MONUMENTS
GASCOGNE
ET PYRÉNÉES OCC^LES
BASSES-PYRÉNÉES - HAUTES-PYRÉNÉES
LANDES.

SITES ET MONUMENTS

A LA FRANCE

Sites et Monuments

GASCOGNE & PYRÉNÉES OCCIDENTALES

(BASSES-PYRÉNÉES — HAUTES-PYRÉNÉES — LANDES)

PARIS

TOURING-CLUB DE FRANCE

10, PLACE DE LA BOURSE, 10

1903

GASCOGNE & PYRÉNÉES OCCIDENTALES

(BASSES-PYRÉNÉES — HAUTES-PYRÉNÉES — LANDES)

De Terre-Neuve ceinturée de brouillards, de l'Acadie aux marées immenses, de New-York jusqu'aux cornes de France et d'Espagne, jusqu'à la Bretagne, à la Galice, tout ce qui monte de brume sous le nuage qui vogue aux cieux, tout ce qui naît de vents, de brises, de tempêtes, toute la buée et tout le souffle entraînés vers le côté d'où vient le soleil, s'unissent pour un « chambardement » général.

Peu à peu la fluide armée de ce chambardement, la bourrasque se concentre et le plus gros de son front d'attaque finit par s'avancer en pointe, comme les oiseaux de haut vol, quand, à l'approche de l'automne, ils nagent angulairement dans l'azur par-dessus clochers, forêts, plaines, monts et collines, toujours plus loin du froid qu'ils fuient à tire-d'aile.

Guidée par l'étrécissement continu du flot entre la côte de France et la côte d'Espagne, la bourrasque arrive, comme au fond d'un entonnoir, sur la plage où se rencontrent ces deux rives perpendiculaires l'une à l'autre ; elle se disperse en pluie sur le continent, du ressac lactescent de l'Atlantique aux créneaux d'argent des Pyrénées; et c'est ici l'une des régions mouillées de l'Europe : il tombe annuellement 120 à 130 millimètres de pluie sur le rivage d'Hendaye, près de 2 mètres et demi à Bedous, 3 mètres, 4 mètres peut-être, ou plus encore, sur les monts à glace éternelle : trois, quatre, six, sept fois et au delà la moyenne de Paris.

L'eau ruisselante en tout temps comme pluie, orage, fonte de neige ou de glace, fontaines, brouillard ou rosée ; un ciel plus méridional que celui de Florence ; toutes les grâces de la basse et de la moyenne montagne, toutes les grandeurs de la haute, voilà pourquoi la nature décréta que notre extrême Sud-Ouest serait dorénavant l'un des paradis du monde pendant le présent septénaire du Globe.

La Pyrénée aligne ou disperse contre la mer ses roches les plus occidentales à partir de l'embouchure de l'Adour : de ce fleuve sous-pyrénéen à la frontière d'Espagne, la falaise n'a guère que sept à huit lieues, au lieu des soixante, ou bien près, de frange sablonneuse qui se déroulent de la fin de l'Adour à la fin de la Gironde.

Ainsi en est-il à l'autre élancement de la chaîne, quand, à 430 kilomètres de l'Atlantique, elle surgit de la Méditerranée par les roches des Albères, qui font suite à la longue courbure des sables littoraux de Languedoc et Roussillon. A ces deux essors des monts hispano-français, la nature est également belle, mais elle l'est autrement, et même contrairement. On préfère l'un à l'autre suivant son sens intime, son atavisme, son esthétique instinctive ou acquise : la falaise roussillonnaise monte sous la même flamme de lumière, avec la même nudité sèche et nerveuse que les roches de l'Orient et que le Pic de la Loi lui-même, le noble Sinaï qui voit mille jours de soleil pour une heure de brouillard; tandis que la falaise du Béarn, toujours caressée de pluies tièdes, a derrière elle et près d'elle la commençante sierra d'entre les deux peuples parée de tous les charmes bocagers ou pastoraux, gazons d'Irlande, bruyères d'Écosse, plutôt que maquis méridional et collines parfumées.

Héas. — La chapelle.
(Cliché de M. Authenac.)

Un peuple, c'est trop dire maintenant, une tribu singulière habite, en France, en Espagne, ces premières et plus basses des Pyrénées d'occident; elle parle une langue qui détonne au possible à côté du verbe néo-latin : près de noms tels que Saint-Vincent-de-Tyrosse, Peyrehorade, Salies, Sauveterre, Osserain-Rivareyte, éclatent soudain des Salaberry, des Harembure, des Jauréguiberry, des Aguerragaraya, et des Bassussary, des Arhansus, des Armendarits, des Lecumberry, des Ilhorols-Olhaïby, des Larribar-Sorhapuru, des Lohitsun-Oyhercq, des Alçay-Alçabéhéty-Sunharette, des Béhorléguy, des Esterençuby, des Irissary. Les monts ne s'y nomment plus des Soums de Séoube, des Cuje de Palas, des Pics du Midi, des Néouvielle, des Vignemale, mais des Chouldocogagna, des Laratécohéguya, des Zarguindéguy, des Hargaray, des Léiçar-Athéca, des Orgambidéa et des Ahunmendi; au lieu d'Adour, de Midouze, de Saleys, de Vert, d'Arriou et d'Arrioulet, on a des Ardanabia, des Ourhandia, des Immilestégui; et les gens s'appellent Goyénèche, Irigoyen, Etcheverry, Etchegoyen, Mendiondou, Caricaburu. On se nomme ainsi sur cinq lieues de long et treize ou quatorze de large, en 300,000 hectares de contrée : d'abord sur la côte au sud de Biarritz, bains de mer extraordinairement fréquentés, jusqu'à la plage de sable d'Hendaye, au delà de

Saint-Jean-de-Luz où, non encore muselé, l'Atlantique fut terrible ; puis dans toute la région qui va d'Hendaye au pic d'Anie, et de l'Adour à la crête de la Pyrénée par les cols de laquelle ces hommes au parler original communiquent avec des Espagnols homophones. Sur ses 300,000 hectares, ce pays entretient 115,000 à 120,000 Basques, pas plus, dans les bassins de la Bidassoa et de la Nivelle, fleuves côtiers, le long de la Bidouze, affluent de l'Adour, et sur le gave de Mauléon, tributaire du gave d'Oloron.

Les Basques se nomment eux-mêmes les Escualdunacs. C'est « le petit peuple qui danse au haut des Pyrénées », très alerte en effet, très vigoureux et très heureux dans ses maisons blanches aux contrevents rouges, au penchant de la colline gazonnée, à la bonne senteur de la chênaie et de la bruyère, devant la cascade éternellement ravivée à l'urne de l'Atlantique : Arabie plus qu'heureuse, Arcadie incomparable peut-être, nature souriante, vivante, apaisée, inexprimablement humaine, que la plupart des jeunes Escualdunacs troquent sans savoir et sans considérer pour les sierras pelées de l'Argentine et pour ces pampas au vent brutal qu'on croirait souffler de l'infini, puisque, sur toute la rondeur de la plaine sans borne apparente, on ne voit aucun mont dont il pourrait descendre.

Héas. — Le Chaos.
(Cliché de M. Authenac.)

Que sont-ils, d'où viennent-ils, de quels ancêtres ? Énigmes dont le Sphinx attend toujours qu'on les résolve ; on ne lui a répondu jusqu'ici que par le silence ou par un vain bavardage ; elles paraissent insolubles, et l'un des plus savants de leur race a pu dire : « En fait de Basques, je suis nihiliste ! »

Quant à l'euscara, leur langue, elle n'a rien d'aussi miraculeux qu'on l'a cru longtemps ; sans nul doute son vocabulaire reste jusqu'à ce jour isolé de tout autre, mais du premier regard on reconnaît en elle, et sans erreur possible, un idiome agglutinant, n'ayant ni flexions, ni déclinaisons, ni conjugaisons dans le sens grec ou latin. Le basque colle des mots à des mots, des particules à des radicaux, comme on maçonne des cailloux à des pierres : en quoi il ressemble au hongrois, au turc, à l'algonquin, aux parlers du Mexique ; — tandis qu'en nos langues aryanes il y a comme une végétation spontanée où chaque radical devient la souche d'une sorte de forêt.

Quels que soient les mérites et démérites de l'euscara, le français et l'espagnol frappent à sa porte : « Frère, il faut mourir ! »

Les premières Pyrénées ont de 600 à 1,000 mètres ; puis au mont Orhy 2,000 ; 2,504 au pic d'Anie ; et 2,885 au pic du Midi de Pau, pyramide tellement aiguë que les neiges s'écroulent de son granit avant de s'y concentrer en névés, puis en glaces de toute saison.

Les frimas pérannuels n'apparaissent qu'au Balaïtous (3,146 mètres), pic frontière qui suspend sur la France, en deux blocs, 140 hectares de glace « immanente ». C'est ici le commencement des origines du gave de Pau, ce qu'il y a non de plus haut, mais de plus grand, de plus rare dans les Pyrénées, aussi bien dans la sierra française que dans l'espagnole, jusqu'au bout de ses prolongements à travers l'Espagne jusqu'en Galice et en Portugal.

Ce sont les monts de Gavarnie, l'un de ces noms retentissants et comme héroïques dont on attend quelque chose d'épopéen — ainsi trouve-t-on naturel, et pour ainsi dire fondamental, qu'un magnifique hidalgo, qu'un conquistador sorte empanaché de Hernani, de Peñaranda de Bracamonte ou de Freixo de Espada a Cinta.

Et c'est bien une épopée avec mort du héros, la bataille que les monts calcaires de Gavarnie livrent à la nature ; bataille infinie, de partout et de toujours, où le mont semble incessamment triompher, alors qu'il est incessamment vaincu ; si bien qu'à chaque soir de siècle, en comptant ses cicatrices, il comprend que, sans s'arrêter jamais, il va des blessures qui blessent à la blessure qui tue.

Comment aurait-il pu et pourrait-il résister à tant d'ennemis ligués pour sa perte : le rampement plus que préhistorique de l'immense « glacier d'Argelès » qui, partant de la grande crête, alors bien plus haute qu'aujourd'hui, ne s'arrêtait qu'au nord de Lourdes, à 50 kilomètres de ses névés ; les poussées et pressions cosmiques ; les éclats et les fissures ; le jour et la nuit ; le soleil et l'ombre ; le gel et le dégel ; les vents, la foudre, les ouragans, les pluies, la fonte des neiges, les torrents arracheurs, entraîneurs, combleurs et niveleurs ?

Tout ce qui travaille est tout ce qui détruit ; et tout travaille autour des monts du Grand Gave : ainsi se sont-ils abaissés, fendus, diminués, évidés, et cette perte de substance a créé des merveilles, comme l'a fait ailleurs l'usure de la dolomie.

Le cirque de Gavarnie s'appelle non moins splendidement le cirque du Marboré, nom superbe par sa sonorité méridionale et parce qu'il évoque aussitôt l'idée d'un monde marmoréen : ce qu'il est, dans le sens de blanc et quoique ses parois soient grises, mais blanc est l'argent de ses cascatelles et de sa cascade de 422 mètres qui, se balançant autant qu'elle s'abat, ne tombe qu'en dix-neuf secondes ; blanches les colonnes de glace nées en hiver de la cristallisation de ses « Niagaras », de ses pluies, de ses brouillards, et des suintements de toute humidité plaquée contre ses murailles ;

blancs les glaciers et les névés de ses reculs d'entablement ; et à 1,200-1,700 mètres au-dessus des lèvres de son abîme, contre son fronton, plus blanche que glaciers et cascades, l'indicible candeur des neiges de l'hiver, sinon de presque tout l'an. Le pic du Marboré, les Tours du Marboré, l'Épaule du Marboré, le Casque du Marboré — toujours ce grand et beau nom, — le Taillon, cimes de 3,000 à 3,253 mètres, jettent aux heures voulues leur ombre sur les 450 hectares de glaciers dont s'engendre le gave de Pau et sur les frimas de deux terrasses entre trois degrés ; car le cirque de Gavarnie est bien un amphithéâtre, au sens surhumain du mot, sur les 3,000 mètres de son pourtour presque exactement rectangulaire ; d'abord c'est une lice entre pierres, c'est une « corrida » — non plane, il est vrai, mais bossuée de débris, ni poussiéreuse non plus, avec ponts de neige sur les torrents d'en bas des cascades ; ensuite ses parois reculent en degrés comme faisaient les marches et les rangées de sièges des arènes romaines ; comme première marche, la roche s'élance droit du fond du cirque, de 1,640 mètres de moyenne altitude, et elle a pour faîte la corniche des treize cascades ; après quoi terrasse à peu près horizontale ; puis second et non moins gigantesque degré ; ensuite deuxième terrasse presque plane ; enfin, pour dernière marche, les châteaux forts, les bastions carrés, les pans coupés, les mâchicoulis suprêmes des monts du Marboré, Titans foudroyés autour du gouffre taillé au vif de leurs entrailles par une opération de haute chirurgie.

Plus haut encore que ces géants, à deux ou trois lieues au nord-ouest, monte le Vignemale : de par ses 3,298 mètres c'est la première des Pyrénées françaises, inférieure de 106 mètres seulement à la première des espagnoles ; 250 hectares de glaciers drapent ses épaules.

Au-dessus du cirque d'Estaubé, qui est le moindre des cirques du Grand Gave, trône le mont Perdu (3,352 mètres), le prince des monts calcaires paré d'un collet d'hermine par 380 hectares de glace perpétuelle. Mont Perdu vraiment : perdu dans le remous des cimes, perdu dans les neiges, perdu dans l'azur et perdu pour nous ; il nous frôle, mais il s'élance dans le « noble royaume » de toutes les Espagnes et son glacier crée superbement le Cinca, rivière aragonaise.

Le plus grand, le moins beau des trois, le cirque de Troumouse a trois lieues en rond ; ses pâtures neigeuses sont commandées par la Munia (3,150 mètres), où pendent cent hectares de glace et dont se détache la masse énorme de « Vieille Neige ».

Vieille Neige ou Néouvielle, aussi haute que la chaîne mère à 100-150 mètres près, est un granit étoilé de lacs ; elle se termine, à 24 kilomètres au septentrion de la crête de la Munia, par le magnifique pic du Midi de Bagnères ou de Bigorre

(2,877 mètres), audacieux mont d'avant-garde campé au-dessus des plaines de Tarbes, qui sont un Piémont des Pyrénées — merveilleuse situation pour l'observatoire dont on l'a doté. Les bassins lacustres du Néouvielle se versent à l'occident dans le gave de Pau; et à l'orient dans la Neste par des gorges assombries de sapins.

Landes. — Récolte de la résine (procédé actuel).
(Cliché de M. G. Lalanne.)

Ce gave de Pau, nulle rivière ne l'égale en noblesse d'origine. Il naît et renaît. Il naît de ses glaciers, au-dessus de la cascade de 422 mètres; il renaît au-dessous de ce Saut Mortel, où il meurt en effet, et d'eau se mue en nébuleuse tissée d'air et de lumière; il « redevient », par la condensation des vapeurs de la chute. Il contracte alliance avec le gave de Héas, parti des glaciers du fronton de Troumouse et des créneaux de Néouvielle, avec le gave de Cauterets, fils des glaces et des lacs du Vignemale; avec le gave d'Argelès; puis il arrive à Lourdes, la ville miraculeuse. Là il s'arrête devant la moraine de ce qui fut le glacier d'Argelès, et du nord tourne à l'ouest, en sens inverse de la Neste, qui du nord incline à l'est devant les débris glaciaires du Lannemezan. En l'élevant ici d'une trentaine de mètres on le verserait dans l'Adour supérieur — et on l'y versera quelque jour en partie par un canal pour l'arrosement de Bigorre et Chalosse. A cette brusque dévirée il a reçu, du Balaïtous au Néouvielle, plus de mille hectares de glaciers qui ont des crevasses aussi profondes qu'on peut les souhaiter ou les craindre, des séracs, des lacs glacés, des avalanches tout comme les mers de glace des Alpes. 1,000 à 1,050 hectares de neige concentrée ce n'est guère, et l'on dirait rien; mais qu'on y regarde de plus près, en supposant que les champs de glace n'aient en moyenne que 50 mètres d'épaisseur, ce que certainement la réalité dépasse, ils suffiraient pendant toute une année à un torrent de 17 mètres cubes par seconde.

Ensuite, magnifique flot vert, il passe de Bigorre en Béarn ; sur des graviers c'est la rivière plate de Pau, et entre des rochers traîtres, la rivière concentrée, terrible, tourbillonnante d'Orthez, enfin la rivière calme de Peyrehorade, navigable aux vapeurs depuis que l'a presque doublée un autre et non moins beau courant, le gave d'Oloron. Celui-ci, vert également, unit dans la souverainement belle Oloron le gave d'Aspe au gave d'Ossau qui, pareil au gave de Pau et à la Neste, tourne soudain à angle brusque devant des roches glaciaires, à l'issue du val où le pic du Midi de Pau se dresse dans toute sa gloire non loin des Eaux-Bonnes ou des Eaux-Chaudes. Grâce à ce gave oloronnais, agrandi du mauléonnais, la rivière de Pau mène à l'Adour, au bout de 45 lieues en une conque de 520,000 hectares, 30 mètres cubes à l'étiage absolu, 45 à l'étiage ordinaire, 75 en volume normal. L'Adour garde le nom, mais le Gave apporte le flot pendant deux tiers de l'année ; pendant l'autre tiers, quand le froid de l'hiver contracte le Gave, rivière des montagnes, et que les pluies dilatent l'Adour, rivière de plaine, celui-ci reprend l'avantage en vertu d'un bassin plus que double, et au lieu des dix ou même des cinq mètres cubes de l'étiage, c'est un vrai fleuve équilibrant, sinon dépassant l'eau de Pau, et les deux réunis, l'on a sous les yeux un flot de 150 à 250 mètres de largeur.

Landes. — Récolte de la résine (procédé ancien).
(Cliché de M. G. Lalanne.)

Trois fois moindre en étiage à son détour vers l'orient que le Gave à sa dérivée vers l'occident, la Neste est infiniment mieux utilisée. D'un domaine de 90,650 hectares (contre les 127,000 de la Garonne au confluent), au terme de 65 kilomètres seulement (contre les 85 de la Garonne), elle hérite de 25 mètres cubes à la seconde, flot venu surtout des roches, des sapinières, des lacs orientaux du Néouvielle endormis au pied de vertigineux escarpements, dans une sorte de Scandinavie pyrénéenne ; elle se pourvoit également à la chaîne frontière, aux glaciers de Clarabide (28 hectares) et des Gourgs Blancs (76 hectares). En aval d'Arreau, par 650 mètres, on la coupe en deux : sa puissance en saison d'irrigation étant évaluée à treize mètres cubes par seconde, on lui en prend sept, destinés à des travaux miraculeux ; au vrai, on ne lui en ravit encore que les deux tiers, on lui soustraira le reste lorsqu'on aura grossi la Neste d'étiage par des retenues et décantations de lacs — tels l'Oredon, l'Aubert et le Caillaouas ; à l'Oredon, fait accompli, et des millions de mètres cubes lui sont dérobés chaque année, par 1,869 mètres au-dessus des mers ; au Caillaouas, profond de 101 mètres, par 2,165 mètres d'altitude, l'œuvre approche de sa fin, et là aussi mètres cubes à millions ; enfin l'Aubert sera exhaussé de 10 mètres. — Pour l'instant on n'enlève au torrent que 4,465 litres, amenés par un canal de 29 kilomètres à la racine du plateau de Lannemezan, près de la ville homonyme, à 630 mètres.

Le plateau de Lannemezan, alias *« la Mongolie en France », se flanqua devant les Pyrénées, en opposition à Garonne et à Neste (quand il n'y avait encore ni Neste, ni Garonne) ; il naquit de la destruction, du convoiement des roches de la haute montagne par les glaciers, les torrents, les crues, et se dispersa dans la suite des âges en argiles, en cailloux stériles, steppe sans arbres que le canal de la Neste a précisément pour mission d'égayer, d'ensylvestrer, de gazonner et d'enverdir.*

Le ravinement l'a déchiré ; des plis profonds, très étroits, le sillonnent, qui s'écartent fort les uns des autres. Le pédoncule d'où partent ses dix rivières n'a que 6 à 7 kilomètres de largeur, de la Barthe de Neste à Capvern, et il y en a tout juste 100, d'est en ouest, entre l'embouchure de la plus orientale dans la Garonne et la rencontre de la plus occidentale avec l'Arros. Rivières sont-elles comme longueur de course, déploiement de bassin, mais elles n'ont point d'eau par elles-mêmes : il a fallu que la Neste voulût bien leur en céder, puisque la pluie s'enfouit dans la masse incohérente du Lannemezan et que faute de sous-roche, elle descend on ne sait où. C'est pourquoi pas un de ces dix « cours » d'eau ne courait, ni même ne marchait ; ils n'existaient que lacunièrement, derrière les moulins et dans les trous les plus profonds de leur lit, tout comme les oueds d'Afrique — ceci seulement en été, car les saisons pluvieuses y versaient des « courants ». — Mais aujourd'hui, depuis qu'on leur a distribué le cristal de la Neste, elles vivent d'un bout à l'autre de leurs vingt-cinq ou trente à quarante et près de cinquante lieues d'existence ; à cette heure, le contemplateur, jadis le contempteur, de ces dix rivières voit l'eau tomber, même en août, de l'écluse des moulins gascons.

Un ingénieur hardi, Duponchel, a proposé de déblayer le Lannemezan par la force de l'eau, au moyen des chutes d'un grand canal tiré des ondes pyrénéennes; puis, par les branchements et sous-branchements de ce canal, d'apporter les détritus argileux de ce plateau sur les sables siliceux des Landes, qui ne contiennent pas une parcelle d'argile : ainsi, de colmatage en colmatage, on aurait insensiblement fertilisé les 1,400,000 hectares qu'habitent les Landais.

Mais ce pays peut vivre de lui-même, d'une vie indépendante, à la fois forestière, pastorale, agricole, sur tout son plateau de 40 à 80 mètres d'altitude ordinaire compris entre l'Atlantique, la rive droite de l'Adour, les collines de Garonne, le talus de Gironde et le pied des coteaux issus du Lannemezan.

Landes du Marensin. (Cliché de M. G. Lalanne.)

Nos bons quinquagénaires ne reconnaissent plus la Lande. Avant 1860, c'était une brande avec îlots de pins maritimes, ajoncs, genêts, bruyères entre lesquelles des moutons petits et maigres tondaient une herbe de si peu de suc qu'au plus mauvais du steppe on ne comptait guère qu'une ouaille pour quatre hectares. Les bergers de ces troupeaux, en cela seuls au monde, ne marchaient qu'à demi sur leurs jambes naturelles; ils allongeaient leur « compas » par deux « chanques » ou deux échasses de trois à quatre pieds : ainsi surélevés en géants, la peau de bête sur l'échine, ils couraient à grands pas sur la plaine, ils voyaient de plus haut leurs ovins, ils inspiraient mieux la tactique de leurs chiens, ils erraient sans se tremper jusqu'aux os dans le dédale des brandes mouillées et sans se saucer ils traversaient les mares dont les pluies, ici très persistantes, remplissent tous les bas-fonds avec la complicité de l'alios.

Icelui, sous le sol de la Lande, eut pour principal élément l'arène qu'il recouvre et dont il est recouvert : la pluie agglutine au sable l'oxyde de fer et le tanin des bruyères; elle a fini par en faire une roche d'un brun rougeâtre à peu près imperméable, empêchant l'eau qui a filtré sous les sables d'en dessus de s'enfoncer dans la profondeur des cent, deux cents mètres des sables fauves d'en dessous. Or, l'alios avoisine de très près la surface du sol aréneux ; il suffisait donc de quelques jours d'ondée, de quelques heures d'orage, pour que la Lande regorgeât de partout ; les mares s'étendaient sur le sable, autour des joncs, des rouches et des aunes ; le soleil venu, de ces eaux sans profondeur et des rus amoindris qu'arrêtaient les souches, les branches, les herbes et les débris, de partout montait la fièvre ; les Lanusquets ou Landescots grelottaient, brûlaient et mouraient plus que leur dû — d'autant que nourris d'un lourd maïs, ils étaient vannés par la pellagre.

Il n'a pas fallu « grand'clergie » pour rénover les Landes. Les « grands clercs » se sont bornés à reconnaître les pentes, que d'ailleurs leur indiquait souventefois le cours des rus ; ils ont ensuite libéré le pays de son excès d'eau par des « crastes », ce que faisant, ils ont assaini la contrée ; puis ils ont prié la forêt des pins de conquérir le steppe, moins les vallées et vallons, les bourgs et villages, leurs jardins, leurs champs et leurs prairies.

Cette prière serait presque entièrement exaucée sans les langues de flamme de l'incendie. Tous les ans, ici, là, ailleurs, un feu s'allume. Qui l'allume ? Presque toujours on l'ignore : un vengeatif, comme on disait jadis en oil, soit un homme altéré de vengeance, un berger, un chasseur, un passant, un imprudent, un sot, un quelconque, et parfois le hasard. On peut dire de la flamme qu'elle a des ailes, tant vite elle vole ; elle ne va que d'arbre en arbre par le sous-bois de bruyères, et pourtant elle s'empare presque instantanément, électriquement, de tout un pan de la forêt qui craque et se consume aux milliers de milliards des goultes de résine.

Le voyageur de Bordeaux à Bayonne voit donc tantôt un brûlé sinistre à la place d'une sylve, tantôt un bois de jeunes pousses à la place d'un brûlé. Et partout il contemple des merveilles de nature libre qui le consolent de la nature asservie : avant tout, d'immenses expansions d'horizon quand s'arrête la pinière, qu'on l'ait brûlée ou que jamais encore elle n'ait paru sur la brande ; et alors c'est comme une mer où l'on reconnaîtrait la rondeur du Globe si les regards ne se heurtaient, parfois presque au bout de leur puissance, à des pans de forêt ici compacts et noirs comme une paroi de schiste, là pareils à des palmiers alignés aux rives d'un lac, quand leurs arbres sont distants et laissent passer la lumière. Puis, brusquement, on rentre dans la sylve colonnaire, légèrement obscure sous les rameaux dont Virgile a dit qu'ils parlent : ils ne parlent pas, ils chantent la chanson d'indicible mélancolie qui passionne toujours comme si jamais encore on ne l'avait entendue ; elle peut émouvoir même quand on l'écoute à toute heure, comme le gemmeur qui blesse le pin de quelques entailles pour en exprimer la résine.

Après quoi, de nouveau plus de forêt, mais l'étendue ; ou quelque village aux maisons basses avec grands platanes et chênes séculaires ou beaux chênes-lièges écorchés au vif jusqu'à la naissance des branches ; ou quelque pont sur un ruisseau vif en sa prairie ; ou quelque petit chemin de fer qui fuit dans la sylve, avec son petit train de poteaux, de planches, de résine, de térébenthine, de minerai de fer (et aussi de voyageurs) ; ou le passage à toute vitesse à travers des dunes de très haute antiquité qui s'avancent à 30, à 40 kilomètres de la mer, et où l'on surprend dans les tranchées la ligne de l'alios, semblable à quelque traînée d'un sang noirâtre ; ou enfin, revenu dans la grande pinière, la vue instantanée de quelque route droite, si loin fuyante entre sa double tenture sombre qu'on la croirait partie pour le tour du monde sublunaire.

C'est cette Lande, son alios réservant les pluies en sources, qui crée l'Adour, et non les Pyrénées, auxquelles le fleuve n'a que très peu de part. Né des monts du pic du Midi de Bigorre, accru du décantement du lac Bleu, qui a 120 mètres de creux, il anime les scieries de marbre de Bagnères-de-Bigorre, luit en ruisseaux à Tarbes, irrigue en rigoles compliquées les immenses prairies et les superbes champs de maïs de la plaine tarbesanne et se consomme tellement à ces arrosages qu'il se traîne épuisé, dès que l'été brille. Et ce n'est point, au delà d'Aire et de Saint-Sever, le Lées, le Bahus, le Gabas, le Louts, le Luy qui peuvent le ranimer, misérables rivièrettes d'un plateau de débris qui ressemble, au nord du Gave, aux argiles et cailloux lannemezannais du nord de la Neste ; ce sont des fossés au fond des vallées de la tant belle Chalosse, où les bourgs des cimes et les maisons hautement ombragées contemplent la Pyrénée magnifique. L'eau de renaissance arrive par la rivière de Mont-de-Marsan et de Tartas, par la Midouze, héritière d'une infinité de fontaines de l'alios ; l'Adour se ravive, il effleure l'antique Aquæ Tarbellicæ, *la ville aux sources chaudes, aux platanes fiers, élégants, opulents, gigantesques, et l'Europe n'a peut-être rien de plus grandiose que l'allée du Boudigau, l'idéal d'une avenue d'arbres souples et forts. Ensuite, magnifié par le Gave, il devient le fleuve de Bayonne et s'humilie devant la mer après 75 lieues de pèlerinage en un pays de 1,702,000 hectares, le 31ᵉ de la France ; sa puissance moyenne est de 150 mètres cubes, son étiage de 60, son minimum de 35.*

Ce qu'il y a de plus beau dans les Landes, mais hors de la Lande même, ce sont les Dunes de l'Atlantique, soit 90,000 hectares de sables amoncelés jusqu'à 89 mètres de haut entre l'embouchure de la Gironde et celle de l'Adour, sur 230 kilomètres de long, avec 4 à 6 de large. Jadis conquérantes, avançant par éparpillement à chaque vent de mer, on les a fixées par une forêt de pins maritimes, et par cela même on leur a défendu de pousser désormais en avant vers l'intérieur les lagunes littorales auxquelles elles faisaient remonter la pente landaise : tels étangs de Cazau (5,970 hectares), de Biscarosse (3,540 hectares), d'Aureilhan, de Léon, de Soustons. En même temps on a désobstrué les sombres ou plutôt rougeâtres « courants » ou « fuyants » qui portent les eaux de ces lacs à l'Océan et l'on a fait les plages de la côte accessibles par des routes et des chemins de fer.

Voici que le rivage des Landes devient habitable, et que trop habité, du moins aux lieux de bains de mer, il sera ravi désormais aux majestés de la solitude.

A la simplicité de la nature vierge on accouplera les tromperies du luxe, les faussetés de l'art scénique et jusqu'aux refrains d'opérette, entre l'orchestre des forêts et l'incantation de la mer.

ONÉSIME RECLUS.

Col du Tourmalet.

La chaîne des Pyrénées vue de Pau.

BASSES-PYRÉNÉES

I. — PAU

Pau. Les Pyrénées vues de Pau. — Pau est à 818 kilomètres de Paris, par le chemin de fer; mais la route est plus courte de près de 75 kilomètres. C'est une station hivernale très importante et qui se développe chaque année.

La gare se trouve sur les bords du Gave; la ville occupe un plateau élevé d'une quarantaine de mètres au-dessus de la gare. Ce plateau est bordé par une magnifique terrasse appelée boulevard des Pyrénées, sur laquelle s'élèvent le château, l'hôtel Gassion, le Palais d'Hiver, etc. De cette terrasse, quand le temps est clair, on découvre une partie notable de la chaîne des Pyrénées, et pourtant le spectateur en est séparé par les collines de Jurançon. Mais les hauts sommets de la chaîne pyrénéenne dépassent de beaucoup les hauteurs couvertes de vignobles qui s'élèvent sur la rive gauche du Gave.

Pau. — Vue générale.

La ville est propre et fort agréable. Des hôtels nombreux et même somptueux y sollicitent la clientèle riche qui vient passer l'hiver à Pau. Le Palais d'Hiver est un luxueux casino, plus remarquable encore par son admirable situation que par son architecture.

Pau. — Cour du château.

VUE GÉNÉRALE DE PAU. — De la rive gauche du Gave, qu'un très beau pont franchit, on embrasse tout le panorama de la ville, et ce panorama est de toute beauté. Au premier plan, le pont en brique et pierre donne passage au rapide courant du Gave, dont le lit est par endroits embarrassé de graviers. Par-dessus le pont, se profile la silhouette

Pau. — Château : entrée.

imposante du château qui se présente par sa partie la plus large et la plus belle. Deux tourelles carrées le terminent. Après le château, s'étagent des maisons de la ville aux formes harmonieuses, puis la masse énorme de l'hôtel Gassion, dont les angles portent des tourelles; enfin les édifices de la ville, au-dessus de laquelle se découpe la flèche hardie et dentelée de la cathédrale.

Pau. · Château, côté ouest.

Pau. Le chateau. Cour. Entrée. Façades. — Le château est le plus beau monument de Pau et de tout le sud-ouest de la France. Non seulement son architecture est remarquable à divers titres, mais il renferme des meubles, des tapisseries, des objets d'art curieux par eux-mêmes et plus encore par les souvenirs historiques qui s'y rattachent.

L'entrée du château est située sur la place de ce nom. Un large fossé sépare l'entrée de la place. Un pont-levis le franchit et amène au vestibule formé par une triple arcade couverte de délicates sculptures.

L'ensemble, bien que les bâtiments soient un peu hétérogènes et aient subi des remaniements successifs, est encore fort imposant.

A gauche s'élève un gros et magnifique donjon carré, construit par Gaston Phœbus ; une jolie chapelle y est adossée. A droite, les bâtiments et la tour sont beaucoup plus modernes.

Quand on a franchi la porte d'entrée, on se trouve dans la cour intérieure, qui vient d'être restaurée, et dont la forme ovoïde est très remarquable.

Pau. Château.

Pau. — Château.

L'ornementation des portes et des fenêtres date de la Renaissance et a été exécutée sous les ordres de Marguerite de Valois.

La façade méridionale, restaurée sous Henri II, est la plus intéressante ; mais la vue qu'on a des appartements est plus belle encore que le monument lui-même. Enfin, sur le parc, coupé par une route qu'un pont traverse, s'élève la façade la plus ancienne, et les deux tours carrées, couvertes d'un toit aigu, se dressent sur un tertre que précède la statue en marbre blanc de Gaston Phœbus.

Pau. - Château : berceau de Henri IV.

Pau. Intérieur du chateau. Lit et berceau de Henri IV. — Il s'en faut que l'intérieur renferme intégralement le mobilier de l'époque de Henri IV. Le château en fut dépouillé par Henri IV lui-même et par ses successeurs. Sous la Révolution il servit de caserne, puis de prison sous le premier Empire, et ces changements n'y ont pas laissé bien complets les souvenirs qu'il renfermait. Cependant des restaurations importantes y ont été faites. De magnifiques tapisseries de Flandre et des Gobelins y ont été installées et la visite des appartements ne laisse pas que d'exciter la curiosité des étrangers.

On y remarque surtout la salle des Etats, le grand escalier dont les voûtes portent enlacés les chiffres de Henri II et de Marguerite de Valois, le grand salon de réception où furent massacrés les principaux auteurs de la révolte de 1568, la chambre des Souverains, les appartements d'Abd-el-Kader, la chambre de Jeanne d'Albret, avec un lit datant de 1562, la chambre de Henri IV, où l'on voit son berceau formé d'une écaille de tortue et surmonté d'un trophée de drapeaux placé là sous la Restauration.

Pau. — Château : intérieur.

Bétharram. Église. — Vingt-cinq kilomètres séparent Pau de Montaut-Bétharram, station de la ligne de Bayonne à Toulouse. Le village de Montaut est situé sur la rive droite du Gave, qu'un pont franchit. Sur la rive gauche s'élève Lestelle, où l'on trouve le pèlerinage de Bétharram.

Les établissements religieux de Bétharram se composent de quelques couvents et de l'église du XVIIe siècle, située presque au bord une des stations du Chemin de Croix. La première est située à droite de l'église et porte cette inscription qui en indique l'objet : « Via Crucis ».

L'origine de Bétharram remonte aux Croisades. Gaston IV, prince de Béarn, revenant

Pont de Bétharram.

du Gave. Sa façade est remarquable. L'intérieur est surchargé de dorures et d'ornements d'un goût douteux. Au-dessus, sur une plateforme du rocher, se dresse une basilique moderne. Tout le long de la montagne serpentent les allées au bord desquelles on a érigé de petites chapelles. Dans chacune d'elles est de Palestine, crut trouver une ressemblance entre le coteau du Calvaire et les collines qui bordaient le Gave. Il y construisit une série de petites chapelles qui rappelaient le souvenir des principales scènes de la Passion. Ces chapelles furent détruites sous la Révolution et restaurées de nos jours.

Près de l'église est une fontaine miraculeuse, élevée en souvenir d'une jeune fille tombée dans le Gave, et qui dut son salut à une branche rencontrée miraculeusement sous sa main au moment où elle implorait la Sainte Vierge.

Au sommet d'un des contreforts de la montagne se trouvent des grottes célèbres auxquelles on arrive par un chemin assez pénible, à une heure de marche du pont de Lestelle. Il y a cinq étages de grottes plus ou moins accessibles. Chacun des trois premiers étages mesure 300 à 400 mètres de galeries. Dans le cinquième, une cinquantaine de mètres seuls peuvent être parcourus. Dans le quatrième on suit, sur plus de 2 kilomètres, une rivière souterraine, mais cette exploration est pénible, car il faut presque constamment entrer dans l'eau jusqu'aux genoux. On ne visite généralement que le premier étage, où le Camp du Mammouth, dans la salle des Lustres, produit une grande impression quand on l'éclaire par des feux de Bengale.

Bétharram. — Église

Bétharram. Pont de lierre. — Le pont de lierre date de 1687. Il se compose d'une seule arche formant dos d'âne et destinée à supporter la route de Lourdes par Saint-Pé. Il est couvert de massives guirlandes de lierre qui retombent jusque dans le Gave et forment un manteau vert très pittoresque.

Bayonne. — Quais de la Nive.

II. — BAYONNE

Bayonne. Cathédrale. Le Réduit. Une rue. Quais de la Nive. — Bayonne, à 6 kilomètres de l'Océan, est bâtie sur les deux rives de l'Adour, au confluent de la Nive, et compte environ 27,000 habitants. C'est en quelque sorte le point terminus du réseau français vers l'ouest de l'Espagne, la ligne de Bayonne à Irun pouvant être considérée comme un raccordement entre les lignes espagnoles et françaises. Bayonne est à 783 kilomètres de Paris, et à 38 kilomètres d'Irun, gare frontière espagnole. Bayonne est également le point de départ de la grande ligne du Midi : Bayonne à Toulouse.

Le confluent de l'Adour et de la Nive forme un triangle à la pointe duquel est bâtie la citadelle construite par Vauban. Le Réduit, qui sert de passage, est depuis longtemps déclassé comme place de guerre, mais a conservé tout son pittoresque. Des ponts sur l'Adour et la Nive, on a une très belle vue sur l'embouchure de l'Adour que contrarie la barre, et sur la ville elle-même. Les quais de la Nive sont bordés de grandes et belles maisons assez anciennes, et qui ne sont pas sans caractère.

L'édifice le plus remarquable de Bayonne

Bayonne. — Rue du Pont-Neuf.

est la cathédrale, qui manque un peu trop de dégagements. Elle se présente sous un bel aspect, au fond de la rue du Pont-Neuf, avec ses deux belles flèches qui dominent toute la ville.

Commencée en 1213 et continuée aux siècles suivants, elle a été restaurée de nos jours. Dans une cour, au nord, se trouve un cloître remarquable du XIIIe siècle.

On peut citer encore à Bayonne le vieux château, occupé par l'autorité militaire, de vieilles rues assez curieuses, et le Musée enrichi par le peintre Bonnat de nombre de ses œuvres.

Bayonne se compose de trois quartiers : le grand Bayonne, sur la rive gauche de la Nive ; le petit Bayonne, entre la Nive et l'Adour ; le faubourg de Saint-Esprit, sur la rive droite de l'Adour. Ce dernier fit partie du département des Landes jusqu'en 1857.

C'est à Bayonne que, dans une entrevue célèbre, en 1565, Catherine de Médicis et le duc d'Albe préparèrent la Saint-Barthélemy. Mais quand le massacre eut lieu, en 1572,

Bayonne. — Cathédrale.

Bayonne. — Le Réduit.

Bayonne y échappa. On connaît la belle réponse du vicomte d'Orthez, gouverneur de Bayonne, à Charles IX : « Sire, je n'ai trouvé ici que de bons citoyens et de fermes soldats, mais pas un bourreau ».

Les marins de Bayonne furent les premiers qui, aux xve et xvie siècles, s'aventurèrent sur le banc de Terre-Neuve et découvrirent le Canada.

A Bayonne, en 1808, le roi d'Espagne Charles IV signa son abdication en faveur de Napoléon Ier, qui donna la couronne à son frère Joseph.

Biarritz. - Grande-Plage.

Biarritz. Grande-Plage. Rochers de Chinaougue. Port des Pêcheurs. Rocher de la Vierge. Côte des Basques. Port-Vieux. — Biarritz est une station de la ligne de Bayonne à la frontière. Mais la gare, située près du bel étang de la Négresse, est à 3 kilomètres de la ville ; on va à Biarritz bien plus commodément par le tramway à vapeur, ou le petit chemin de fer spécial, qui, à Bayonne, partent de la place d'Armes ou des allées Marines, et arrivent au cœur même de Biarritz.

Biarritz est la plus belle plage de France et peut-être du monde, mais la mer y est dure et souvent dangereuse. Des hôtels nombreux, qui parfois sont de véritables palais, des villas somptueuses aux allures de châteaux princiers, ses casinos, ses rochers splendides, ses falaises incomparables, attirent à Biarritz, tous les ans, une armée d'étrangers.

La ville, qui n'avait qu'une population de 2 à 3,000 âmes en 1856, compte en temps normal 11 à 12,000 habitants. Mais cette population fait plus que doubler aux mois d'août et de septembre. Les Anglais fréquentent cette station balnéaire même l'hiver, le climat y étant particulièrement doux.

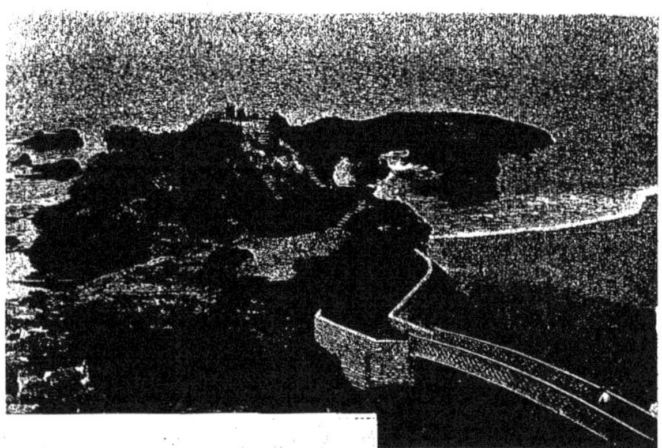

Biarritz. Rocher de Chinaougue.

Biarritz. — Vue prise du rocher de Chinaougue.

On compte cinq plages à Biarritz : 1° la plage d'Anglet, entre l'embouchure de l'Adour et le phare ; 2° la plage du Château, au devant du phare ; 3° la Grande-Plage, entre le phare et le Port-Vieux ; 4° la plage du Port-Vieux, entre le rocher de la Vierge et la villa Belza ; 5° la plage des Basques, au delà de la villa Belza.

La Grande-Plage est la plage à la mode, la plus animée, la plus mondaine. La plus belle et la plus étendue est la plage des Basques ; mais les vagues y sont souvent très fortes. Des sources salées, situées à Briscous, sont amenées par

Biarritz. — Port des Pêcheurs.

que variés. Sur la Grande-Plage s'élèvent un casino somptueux et les principaux hôtels de Biarritz, qui sont de véritables palais.

Entre la Grande-Plage et le port des Pêcheurs s'élève le rocher de Chinaougue, relié à la terre par une passerelle et qui forme un charmant poste d'observation d'où l'on découvre l'ensemble de la Grande-Plage jusqu'au phare. Au devant, des conduites souterraines aux Thermes salins luxueusement installés.

Le tour des plages à Biarritz est une promenade de deux heures à peine. Mais cette promenade est admirable. Elle découvre au visiteur mille aspects différents, aussi remarquables

Biarritz. — Port des Pêcheurs

Biarritz. — Pointe du rocher de la Vierge.

semblables à des sentinelles avancées, surgissent des flots les roches déchiquetées, souvent battues par des vagues furieuses, qui portent le nom de Chassings.

Entre le rocher de Chinaougue et la presqu'île d'Atalaye, terminée par la roche Gamaritz, est le port des Pêcheurs, abrité par des jetées en maçonnerie et quelques rochers. La pointe extrême de Biarritz est le rocher de Cucurlong, ou rocher de la Vierge, percé d'une arcade creusée dans le rocher, au devant duquel s'ouvre la Roche Percée. Enfin, au delà du Port-Vieux, s'avancent trois ou quatre pointes avec rochers détachés que l'on nomme roches du Halde. Sur l'une de ces pointes est la villa Belza Le quai et la côte des Basques sont dominés par une falaise de 40 mètres de haut, sur laquelle s'allongent la perspective Miramar et la rue des Falaises, couvertes l'une et l'autre de splendides villas.

Biarritz. — La Roche Percée.

L'excursion la plus intéressante à faire pour le baigneur qui séjourne à Biarritz, est la barre de l'Adour. Des trains-tramways, qui partent de Bayonne à des intervalles assez rapprochés, conduisent au Boucau, où se trouvent des usines considérables, connues sous le nom de Société des Forges de l'Adour. Ces établissements métallurgiques peuvent être visités à certaines heures.

De là on peut très bien constater le phénomène de la barre, encore plus accentué quand on assiste à la sortie d'un navire. En temps normal, le passage de la barre n'est pas dan-

Biarritz. — Rocher de la Vierge.

gereux, mais il exige toujours une certaine lutte contre le flot. Dans les grandes marées,

Biarritz. — Pointe du rocher de la Vierge.

ou par les gros temps, la sortie de l'Adour présente de réelles difficultés.

L'Adour suit, à son embouchure, une direction presque absolue vers l'ouest, d'où viennent les vents les plus fréquents. Il se forme ainsi à l'entrée une sorte de bourrelet sur lequel les flots viennent se briser avec force. L'embouchure de l'Adour serait même très vraisemblablement obstruée par les sables si l'on n'y avait fait des travaux considérables pour en redresser et en régulariser le cours.

Le Boucau est situé à 2 kilomètres de Bayonne. On pourrait le considérer comme un simple faubourg de cette ville. On y compte près de 4,000 habitants.

Les environs de Biarritz ne sont pas moins intéressants que ceux de Bayonne. D'ailleurs, les deux villes, malgré les 7 ou

8 kilomètres qui les séparent, n'en forment guère qu'une seule, grâce au chemin de fer spécial, le B.-A.-B. (Bayonne-Anglet-Biarritz), et au tramway qui les mettent en relations incessantes.

Biarritz. — Plage du Port-Vieux.

Entre Anglet et Biarritz, sur la pointe Saint-Martin, pointe extrême qui sépare la plage d'Anglet de la Grande-Plage de Biarritz, s'élève le grand phare, haut de 32 mètres, au pied duquel s'ouvre une petite baie, qui forme la plage du Phare, mais qui, vu son éloignement, est moins fréquentée que les autres. Du haut du phare, d'où l'on peut gagner Biarritz en moins d'une heure, on a un admirable panorama. Il est bâti sur une masse rocheuse percée de grottes que l'on peut visiter à marée basse. L'une d'elles, qui n'offre d'ailleurs aucun intérêt spécial et qui est presque ensablée, est célèbre par une légende du pays. Deux amants y furent, paraît-il, surpris par les flots de la mer montante et y trouvèrent une mort affreuse. Elle porte le nom poétique, mais peu justifié, de Chambre d'Amour.

Biarritz. — Plage du Port-Vieux.

Biarritz a pris, depuis un quart de siècle, une telle extension, que, forcément, les environs ont dû participer à sa prospérité ou ont espéré en bénéficier. Entre Biarritz et Saint-Jean-de-Luz, partout où la côte s'est abaissée et a formé une petite plage, des chalets se sont construits, de petites stations balnéaires se sont installées et quelques-unes ne sont pas sans agrément.

C'est ainsi que Bidart, à 5 ou 6 kilomètres, a groupé une petite clientèle de baigneurs, qui redoutent le luxe coûteux et la bousculade mais recherchée, sorte d'intermédiaire entre Biarritz et Saint-Jean-de-Luz, moins considérable sans doute que Biarritz, mais qui tend à devenir aussi mondaine.

Tous ces points, admirablement desservis par des routes superbes et par la voie ferrée,

Biarritz — Côte des Basques.

de la grande ville voisine. Bidart, desservi par une station de la ligne de Bayonne à la frontière espagnole, est également réuni à Biarritz par une superbe route.

De même encore, Guéthary, petit port de pêcheurs sans importance, est devenu assez rapidement une station balnéaire modeste,

forment autant de buts de promenades pour les étrangers qui fréquentent Biarritz pendant les mois d'été. Mais il existe bien d'autres excursions intéressantes et, d'ailleurs, extrêmement suivies pendant la saison.

Biarritz, comme Paris, a voulu avoir son Bois de Boulogne, et bien qu'il soit difficile d'établir une comparaison quelconque entre le parc qui s'ouvre à l'ouest de l'Arc de triomphe et le taillis qui entoure le lac de la Négresse, le Bois de Boulogne de Biarritz n'en est pas moins une fort agréable promenade. Il fait passer le touriste par la rue des Falaises, qui domine la côte des Basques, le plus grand de tous ; le lac Marion, où la pêche est, paraît-il, abondante. Tous sont intéressants et méritent une visite.

Il ne rentre pas dans le cadre de cet ouvrage d'indiquer toutes les curiosités de la région. Nous ne pouvons que citer, aux environs de Bayonne et de Biarritz : l'embou-

Biarritz. — Côte des Basques.

long du petit étang de Chabiague, en face duquel s'élève le sommet de la Rhune, dernier promontoire des Pyrénées françaises à l'ouest, et on arrive, à travers le Bois de Boulogne, au bord du lac de la Négresse, non loin de la gare de Biarritz, sur la ligne du Midi.

Dans cette région, on pourrait visiter d'autres lacs assez curieux : le lac Brindos, le

chure de l'Adour par la plage d'Anglet, le cimetière des Anglais et la Croix de Mouguerre, le lac d'Irieu, etc.

Saint-Jean-de-Luz. Vue générale. Plage. Maison de l'Infante. Ciboure. Le Socoa. — Dix-sept kilomètres séparent Bayonne de Saint-Jean-de-Luz, charmante station balnéaire sur la baie du même nom, où vient se jeter la Nivelle. Pour bien voir Saint-Jean-de-Luz, il faut monter sur les hauteurs qui dominent Ciboure, véritable faubourg, séparé de la ville par un bassin et le chenal de la Nivelle. Cette petite ascension permet, en même temps, de voir les vieilles maisons à pans de bois et l'église de Ciboure.

Sur le port, en bordure du quai, s'élève une maison d'architecture mauresque, récemment restaurée. C'est là que logea l'Infante Marie-Thérèse, quand elle vint en France lors de son mariage avec Louis XIV. Le roi occupait une autre maison sur la place, près de la mairie, et cette maison, trop enfouie dans les arbres de la place, a conservé le nom de château de Louis XIV. A la mairie, on peut voir encore l'acte de mariage qui y fut signé le 9 juin 1660.

Saint-Jean-de-Luz. — Vue générale.

Cet événement marque le point culminant de la prospérité de Saint-Jean-de-Luz. Les guerres de Louis XIV commencèrent la décadence de la ville, et quand le traité d'Utrecht livra Terre-Neuve à l'Angleterre, les marins basques, qui faisaient la fortune du port, abandonnèrent ces expéditions fructueuses.

La plage de Saint-Jean-de-Luz est fort belle, mais la mer y est assez forte, comme à Biarritz, et pourtant la plage est protégée au large par une puissante digue, avec une passe à chaque extrémité ; mais cette digue, faite d'énormes blocs de béton, suffit à peine à contenir les flots furieux qui l'ont plus d'une fois endommagée. Partout, au débouché de la baie, et sur la côte, on a fait des travaux d'endiguement gigantesques. Mais ces travaux exigent un entretien coûteux et une surveillance constante.

La pointe méridionale abrite le petit port du Socoa, avec une population de pêcheurs de quelques centaines d'habitants. Il est protégé par une digue qui s'avance au devant de la digue centrale et qui porte à son extrémité une vieille forteresse avec sa tour constamment battue par d'énormes vagues. Quand la mer est un peu forte, le spectacle des vagues houleuses qui viennent se briser sur les rochers de cette côte est vraiment impressionnant.

Saint-Jean-de-Luz. — Maison de l'Infante.

Une des plus intéressantes excursions qu'on puisse faire à Saint-Jean-de-Luz est l'ascension de la Rhune, montagne peu élevée puisque son sommet ne dépasse pas 900 mètres, mais qui produit un saisissant effet, parce qu'elle se dresse, d'un seul coup, presque au bord de la mer, ce qui fait que les 900 mètres sont bien effectifs et ne sont pas diminués par une montée préalable, et aussi parce qu'elle est isolée, et qu'on embrasse, une fois le sommet atteint, un admirable panorama sur les Pyrénées françaises, la Bidassoa et la partie de montagnes qui forme la côte espagnole au nord de ce pays.

Pour faire l'ascension de la Rhune, il faut gagner Ascain, petit village situé à 6 kilomètres au sud-est de Bayonne, au bord de la Nivelle. En deux heures et demie, au départ d'Ascain, on peut arriver au sommet, qui est très accessible.

L'excursion classique : Biarritz, Saint-Jean-de-Luz, Urrugne, Hendaye, et Béhobie, excursion qui peut se faire facilement en une journée, est l'une des plus curieuses de France.

Ciboure.

Saint-Jean-de-Luz. — La plage.

qui espère rivaliser un jour, sinon avec Biarritz, au moins avec Saint-Jean-de-Luz.

Cette plage, couverte d'un sable fin très ferme, a environ 3 kilomètres de développement. Elle vient se terminer à une pointe de rochers hauts d'une trentaine de mètres, au devant de laquelle deux rochers détachés, les Deux-Jumeaux, servent d'avant-garde. En face d'Hendaye, de

Saint-Jean-de-Luz. — La plage.

Hendaye. Vue générale. Pont international. Ile des Faisans. Les Deux-Jumeaux. — Douze kilomètres séparent Hendaye et Saint-Jean-de-Luz. La petite ville d'Hendaye, pittoresquement assise sur une terrasse qui domine la Bidassoa, est très agréable. Elle ne possède cependant aucun monument curieux. On y montre la maison habitée par Pierre Loti, quand il commandait le stationnaire français dans les eaux de la Bidassoa, et à 2 kilomètres, sur la mer même, en face des côtes d'Espagne, sa magnifique plage, avec un très remarquable casino, l'autre côté de la Bidassoa, sur le territoire espagnol, s'élève la curieuse ville de Fontarabie.

Fontarabie est la promenade obligée d'Hendaye, et c'est de Fontarabie qu'on voit

Saint-Jean-de-Luz. — Le Socoa.

Hendaye. — Les Deux-Jumeaux.

Hendaye sous son plus curieux aspect. Le stationnaire espagnol, chargé d'empêcher la contrebande, est mouillé dans la Bidassoa, et entre ses mâts, dans le lointain, au-dessus des toits d'Hendaye, s'élève la montagne de la Rhune, un des derniers sommets des Pyrénées françaises à l'ouest.

A 3 kilomètres d'Hendaye, en remontant le cours de la Bidassoa, qui se rétrécit rapidement, mais reste toujours navigable, se trouve le petit hameau frontière de Béhobie. La partie espagnole de Béhobie est

Hendaye. — Vue prise de Fontarabie.

de l'autre côté de la Bidassoa, sur la rive gauche, et un pont international réunit les deux villages, dans chacun desquels est un poste de douanes, français sur la rive droite, espagnol sur l'autre rive.

En aval du pont international, à quelques centaines de mètres, on peut voir l'île des Faisans. Bordée d'un quai de pierre, elle est plantée de grands arbres entre lesquels s'élève un petit monument où l'on peut lire, en deux langues, l'inscription suivante : « En mémoire

Béhobie. — Pont international.

des conférences de 1659, dans lesquelles Louis XIV et Philippe IV, par une heureuse alliance, mirent fin à une longue guerre entre les deux nations ; Napoléon III, empereur des Français, et Isabelle, reine des Espagnes, ont rétabli cette île l'an 1861. »

L'île des Faisans.

C'est en effet sur ce territoire neutre que Mazarin et Dom Luis de Haro se réunirent pour discuter et signer la paix des Pyrénées qui stipulait le mariage de Louis XIV et de l'infante Marie-Thérèse.

L'île des Faisans rappelle encore d'autres souvenirs. C'est là que François Ier, captif de Charles-Quint, fut échangé contre ses deux fils. C'est là que Louis XI se rencontra avec Henri IV, roi de Castille, en 1469. C'est là que se négocia le mariage d'Isabelle, fille de Henri IV, avec Philippe IV, et d'Anne d'Autriche avec Louis XIII.

Bidache. — Château de Gramont.

Château de Bidache. — Bidache est un village sans grand intérêt par lui-même, mais qui possède les ruines magnifiques du château de Gramont. Ces ruines montrent encore une décoration intérieure superbe, des bas-reliefs de la Renaissance et certaines sculptures plus anciennes.

On vient à Bidache, soit de Salies-de-Béarn (23 kilomètres), soit plus commodément de Peyrehorade (8 kilomètres). On vient même en bateau de Bayonne par l'Adour et son affluent, la Bidouse.

Mauléon. · Vue générale.

III. — MAULÉON

MAULÉON. VUE GÉNÉRALE. CHATEAU. ÉGLISE DU CIMETIÈRE. — Mauléon-Licharre, ainsi appelé pour le distinguer de Mauléon-Barousse (Hautes-Pyrénées), chef-lieu d'arrondissement, à 38 kilomètres de Pau, est l'ancienne capitale de la vicomté de la Soule, dans la verte vallée du Saison, affluent du Gave.

En face de la gare est le hameau de Licharre, où se trouve la source minérale de Saint-Jean, sulfurée sodique, mais peu abondante, puisqu'elle ne débite guère que quinze litres par minute.

A droite est Mauléon, sur les bords d'un torrent qui forme une jolie cascade, et que traverse un pont de pierre. On arrive au pont par les Allées, où l'on remarque un jeu de paume et un édifice curieux de la Renaissance, appelé hôtel d'Andurrain, avec une colonne élevée sous Henri II.

De l'autre côté du pont, un chemin en lacets conduit au château situé sur une hauteur inexpugnable. Il est à peu près ruiné. L'intérieur a été converti en jardins. A l'extérieur, il reste quelques tours de forme curieuse.

On a, du chemin de ronde, un très beau panorama.

Au pied du château, sur la route de Tardets, on rencontre le cimetière, au milieu duquel s'élève une chapelle en ruines, du xve siècle, d'un style tout particulier et d'un aspect très pittoresque.

Mauléon est desservi par une petite ligne qui se détache, à Puyoo, de la ligne de Bayonne à Toulouse.

Mauléon. — Château.

Saint-Jean-Pied-de-Port. — La vallée de la Nive est la première de ces grandes percées qui s'enfoncent au cœur des Pyrénées françaises. Le Saison, le gave d'Ossau, le gave d'Aspe dans les Basses-Pyrénées, le gave de Pau, l'Adour et la Neste dans les Hautes-Pyrénées, sont les principales artères de pénétration au cœur du massif montagneux qui borne notre pays au sud.

Mauléon. Église du cimetière.

Saint-Jean-Pied-de-Port est une place de guerre avec une très forte citadelle plantée là à la sortie d'un défilé fameux dans l'histoire. Ce défilé ou port, d'où le nom de la ville, donne accès en Espagne par le val Carlos, au milieu duquel est la ville de Roncevaux. C'est là que, le 15 août 778, l'arrière-garde de l'armée de Charlemagne fut attaquée par les Basques, taillée en pièces, et Roland, qui la commandait, y trouva la mort.

En 822, l'armée franque y éprouva un nouveau désastre. En 1794, les Espagnols y furent défaits par le général Marbot. En 1813, le maréchal Soult y écrasa 18,000 Anglais, mais fut défait lui-même en les poursuivant.

Le souvenir de Roland s'est perpétué dans la vallée française, et le long de la ligne du chemin de fer, tout près de la gare d'Itsatsou, on traverse un défilé appelé le Pas-de-Roland. Là se trouve un rocher fendu en deux, dit-on, par un coup de l'épée du paladin. Ce défilé est, du reste, d'un intérêt médiocre et bien au-dessous de sa réputation.

Saint-Jean-Pied-de-Port. (Cliché de M. Erguy.)

La petite ville de Saint-Jean-Pied-de-Port est par elle-même très pittoresque. Le ruisseau, aux rives bordées d'anciennes maisons, qui la traverse en y produisant plusieurs cascades, la rue en pente fortement accentuée, qui mène à la citadelle construite par Vauban, la vieille église, méritent une courte visite, d'autant plus facile qu'une ligne de chemin de fer réunit Saint-Jean à Bayonne.

C'est à l'entrée de cette vallée, à 22 kilomètres de Bayonne, que se trouve Cambo-les-Bains, importante station thermale que deux haltes desservent. Le Haut-Cambo est situé sur la colline, à 60 mètres environ d'altitude au-dessus de la gare. Cambo-le-Bas est construit près de la gare. A 2 kilomètres plus loin, Cambo-les-Thermes forme une petite agglomération dont la partie principale est constituée par l'établissement thermal.

Saint-Jean-Pied-de-Port. (Cliché de M. Erguy.)

Si le pays ne présente ni les imposantes vallées, ni les sommets élevés et neigeux de la chaîne centrale, il est très riant et charmant d'aspect. Les nombreuses excursions que l'on peut faire dans la vallée de la Nive et sa beauté attirent, chaque année, de nombreux baigneurs à Cambo.

IV. — OLORON

Oloron-Sainte-Marie. — La petite ligne de Laruns se détache, à Pau, de la ligne qui va de Bayonne à Toulouse. Elle franchit le gave de Pau, puis descend dans la vallée du gave d'Ossau à Buzy. Là, tandis que l'embranchement de Laruns pique vers le sud, un autre embranchement de 15 kilomètres se dirige vers l'ouest et gagne Oloron-Sainte-Marie.

Oloron.

Oloron.

L'agglomération connue sous ce nom se compose en réalité de deux villes : Oloron, sur la rive gauche du gave d'Ossau et entre celui-ci et le gave d'Aspe ; Sainte-Marie, sur la rive gauche de ce dernier. Après leur confluent, les deux gaves réunis portent le nom de gave d'Oloron.

Un tramway à vapeur réunit Oloron à Sauveterre. Les deux gares qui desservent Oloron sont sur le territoire de Sainte-Marie.

Oloron est une ville importante par sa population (9,000 habitants), par son industrie, et remarquable par sa situation des plus pittoresques. Elle est bâtie, en effet, sur les bords d'une colline coupée presque à pic du côté du Gave, qu'un beau pont traverse. Les

Sainte-Marie. Porte de l'église. Vieille maison. — L'église de Sainte-Marie remonte au XIe siècle, mais a été remaniée trois siècles plus tard. Elle est remarquable par son porche, qui s'ouvre sous une vieille tour carrée. Des arcades en ogive, supportées par des colonnes des XIIe et XIIIe siècles, en ornent les côtés. Le portail est partagé en deux parties par une colonne de pierre, et au-dessus sont sculptées des scènes de l'Ancien Testament.

Sainte-Marie possède encore d'anciennes maisons fort curieuses, et, après avoir franchi le pont jeté sur le gave d'Aspe, on trouvera, à gauche, une antique demeure au fronton de laquelle on peut lire la date de 1240.

Sainte-Marie. — Vieille maison.

bords du torrent, au cours rapide, semé de barrages, seraient encore plus remarquables, si l'industrie ne les avait accaparés et déshonorés.

La cathédrale, placée au sommet escarpé de la colline, est du XIe siècle, mais a été bien des fois remaniée. Un boulevard occupe la place des anciens remparts, et montre encore quelques restes d'un vieux château. De cette promenade, on a une vue très étendue sur Sainte-Marie et sur la vallée du Gave.

Sainte-Marie. — Portail de l'église.

Laruns. — Pont du Hourat.

Vallée de Laruns. — La vallée d'Ossau s'étend au sud de Pau, et est parcourue jusqu'à Laruns par une ligne qui, à la station de Buzy, se divise en deux embranchements, comme nous l'avons vu. L'un se dirige vers l'ouest, et parcourt la plaine fertile et monotone traversée par le cours inférieur du gave d'Ossau; l'autre pique vers le sud et arrose le bassin plus resserré et entouré de hautes montagnes, où coule dans sa partie moyenne le gave d'Ossau. C'est la vallée de Laruns.

Laruns. — Entrée du Hourat.

La gare de Laruns forme le point terminus de la ligne. Là, le gave d'Ossau reçoit, à l'est, le ruisseau du Valentin qui forme la gorge des Eaux-Bonnes. Lui-même s'ouvre, vers le sud, un chemin par le Hourat dans la vallée des Eaux-Chaudes.

Une excellente route vient de Pau à Laruns et continue par les Eaux-Chaudes vers Gabas et la frontière espagnole. Les Eaux-Bonnes sont elles-mêmes desservies par une route montueuse, mais bien entretenue, qui, par les cols de Tortes et d'Aubisque, conduit dans la vallée d'Argelès.

Les vallées de Laruns, d'Argelès et de Luchon sont les trois vestibules qui conduisent aux merveilles des Pyrénées : Vénasque, Gavarnie, le Hourat, cette dernière singulièrement inférieure aux deux autres.

Laruns. Le Hourat. Pont du Hourat. — La route qui mène d'une part aux Eaux-Bonnes, et d'autre part aux Eaux-Chaudes, part de la place de Laruns et gagne les bords du gave d'Ossau, qui vient de recevoir à droite le Valentin, et, par un brusque coude, s'incline vers le Hourat. La route le franchit sur un pont de pierre d'où la vue est fort belle, puis elle s'élève par lacets sur les flancs de la montagne qui le domine, et s'engage, comme lui-même, dans un étroit, sauvage et grandiose défilé qui porte le nom de Hourat. La gorge est si étroite qu'il a fallu entailler la route dans la paroi, et l'étayer par des ouvrages en maçonnerie dans le lit même du Gave. On traverse même le Gave en un endroit sur un pont de deux arches qui passe presque inaperçu, parce qu'il touche en quelque sorte la muraille et se confond avec les soutènements de la route.

Les Eaux-Chaudes.

Les Eaux-Chaudes. — Les 6 kilomètres qui séparent Laruns des Eaux-Chaudes sont très intéressants. On longe le gave d'Ossau sur sa rive droite depuis le pont du Hourat jusqu'aux Eaux-Chaudes. Là on le traverse, et la route reste sur la rive gauche jusqu'à Gabas et la frontière espagnole.

Les Eaux-Chaudes possèdent un établissement thermal, situé à 675 mètres d'altitude sur la rive droite du Gave, presque dans son lit. Ce village, de deux cents habitants environ, est situé dans une gorge étroite et sauvage, mais couverte de verdure. Les eaux sulfurées sodiques viennent de sept sources différentes. Leur réputation remonte à une époque assez lointaine. Henri IV y vint avec sa maîtresse, la belle Fosseuse, ce qui montre que, même à cette époque, elles étaient déjà en vogue.

Vallée de Laruns.

Les Eaux-Bonnes. — La route de Laruns aux Eaux-Bonnes se détache de celle des Eaux-Chaudes dans la montée qui suit le pont jeté sur le gave d'Ossau. La distance de Laruns aux Eaux-Bonnes est de 6 kilomètres, exactement celle qui sépare Laruns des Eaux-Chaudes.

Les Eaux-Bonnes.

La route des Eaux-Bonnes décrit de larges lacets sur les pentes ombragées du massif montagneux qui ferme au sud la vallée de Laruns. De cette belle route ombragée, on a une vue magnifique sur la vallée de Laruns, puis on se rapproche du ravin où gronde le Valentin, et bientôt le village des Eaux-Bonnes apparaît resserré et fort encaissé. Le jardin Darralde est le centre de l'agglomération des Eaux-Bonnes qui se trouve à cheval sur deux vallées, celle de la Sourde et celle du Valentin qui y confondent leurs eaux.

On ne compte pas 1,000 habitants aux Eaux-Bonnes. Mais pendant la saison, les étrangers y affluent. C'est que les eaux passent pour avoir des propriétés tout à fait actives, et cette réputation date de loin. En 1356, il en était fait mention dans les chartes locales. Mais elles appelèrent l'attention publique en soulageant les blessés de la bataille de Pavie (1525), qui vinrent y faire une cure et bien s'en trouvèrent. Elles reçurent alors le nom d'eaux d'arquebusades qu'elles gardèrent pendant des siècles.

Ces caux sont sulfureuses, sodiques et calciques. Elles sont bienfaisantes pour les maladies des voies respiratoires.

Les Eaux-Bonnes. — Cascade du Serpent.

CASCADE DU GROS-HÊTRE. CASCADE DU SERPENT. — Les environs des Eaux-Bonnes sont réellement très beaux. Des ombrages magnifiques, des cascades pittoresques, des cimes assez accessibles, tentent les baigneurs et procurent d'agréables distractions.

Les cascades sont, presque toutes, situées sur la route du col de Tortes et sont formées par le Valentin ou ses affluents. La plus rapprochée est celle d'Iscoo, qui se précipite en une seule masse au fond d'un entonnoir de 15 à 20 mètres de profondeur. Un peu plus loin, celle du Gros-Hêtre doit son nom aux magnifiques hêtraies qui l'entourent. A quelque distance, et un peu plus écartée, est celle du Serpent. C'est un filet d'eau moins important, mais qui tombe de plus de 50 mètres le long de la paroi du rocher.

Enfin, à 7 kilomètres des Eaux-Bonnes, on peut signaler la cascade de Laressec.

Les Eaux-Bonnes. — Cascade du Gros-Hêtre.

V. — ORTHEZ

Orthez. Pont. Tour Moncade. — Orthez est une jolie ville de plus de 6,000 âmes, sur le gave de Pau, mais presque tout entière sur la rive droite. Ancienne capitale du Béarn, à 39 kilomètres de Pau. Située sur le versant d'une colline, percée de larges avenues, la ville présente un aspect agréable. Elle est couronnée par la tour Moncade, reste d'un château élevé par Gaston VII, prince de Béarn, qui en fit sa résidence favorite. Ce château fut le témoin tour à tour de fêtes somptueuses et de sombres drames. Gaston le fit construire à l'insu du roi d'Angleterre, qui en considéra l'élévation comme une menace. Il donna l'ordre de le démolir. Son envoyé fut fait prisonnier. Mais Gaston dut s'humilier d'abord, puis il se révolta, et, en fin de compte, en appela au roi de France, et garda son château.

Orthez. — Tour Moncade.

Orthez devint capitale du Béarn. Gaston Phœbus y donna des fêtes militaires qui eurent Froissart comme historien. Puis Orthez perdit sa puissance, dont Pau hérita, et, en 1460, Pau devint à son tour la résidence des princes de Béarn.

Sous Jeanne d'Albret, Orthez devint un des principaux centres du calvinisme. Une université prospère y fut fondée. Le sire de Terride, envoyé par le roi de France, vint avec une armée catholique assiéger Orthez, qui dut ouvrir ses portes. Malgré la parole donnée, la ville fut mise à sac. Montgomery, avec les protestants, vint entourer la ville, qui fut prise d'assaut en plein midi. Après le sac de la ville, vinrent les massacres. Les prêtres furent précipités dans le Gave, d'une fenêtre de la tour qui orne le milieu du pont. Terride, qui tenait encore dans le château, dut se rendre, et les dix principaux chefs furent poignardés. Les monuments furent profanés, les tombeaux violés, et le crâne de

Gaston Phœbus servit aux soldats pour jouer à la boule.

Les deux monuments d'Orthez : la tour Moncade, et ce vieux pont, si pittoresque, qui traverse le Gave et que signale de loin sa tour centrale, rappellent ces sanglants souvenirs.

Pont d'Orthez.

Sauveterre-de-Béarn. — Sauveterre est desservi par la ligne de Puyoo à Mauléon, mais c'est en même temps la tête de ligne du tramway à vapeur qui, par Navarrenx, gagne Oloron. Sauveterre compte environ 1,500 habitants et n'offre de remarquable que les ruines de ses remparts et de son donjon. Une église du XIIIe siècle, restaurée récemment, mériterait de retenir l'attention du touriste.

Ces ruines passeraient peut-être inaperçues, si elles ne dominaient le Gave dans une situation tout à fait pittoresque. De la place de l'église, on a une admirable vue sur le torrent, que l'on domine de plus de cinquante mètres. Un vieux pont le traversait jadis ; une partie s'est écroulée, et il ne subsiste qu'une travée du côté du village, et cette travée se termine par une vieille tour qui rappelle celle du pont d'Orthez.

De ce pont, on a une vue très intéressante

sur les anciens remparts un peu perdus dans des constructions particulières, et que domine la masse énorme du donjon de Montréal, dont la construction remonte au XIIIe et peut-être au XIIe siècle. Le pont communiquait autrefois avec une île formée par le Gave, et se continuait sans doute sur l'autre bras du torrent. Un pont moderne a remplacé, à quelques centaines de mètres, cette construction encore curieuse du XIVe siècle.

SALIES-DE-BÉARN. — Salies-de-Béarn compte plus de 6,000 habitants. C'est une station balnéaire de premier ordre, à 8 kilomètres de Puyoo, à 772 kilomètres de Paris.

Il y a deux villes à Salies : le vieux Salies, traversé par le ruisseau fangeux du Saleys, aux rues tortueuses et médiocrement engageantes, en tous cas, sans intérêt ; et la nouvelle ville, gracieux éparpillement dans la verdure, d'hôtels, de villas et d'établissements de bains.

Salies-de-Béarn. — Le Saleys.

Il n'y a rien à voir à Salies ; on y vient pour s'y soigner, non pour se distraire. Les eaux sont extrêmement riches en sels. Déjà, au XVIIIe siècle, Bordeu signalait qu'elles contenaient

Sauveterre-de-Béarn. — Château.

sept fois plus de chlorure de sodium que la mer. Mais, dès le XIe siècle, elles étaient connues et employées.

La Compagnie fermière, qui exploite les sources moyennant une redevance annuelle de 100,000 francs, retire des eaux 4 à 5,000 tonnes de sel. Très indiquées dans le traitement du lymphatisme, ces eaux sont froides, et sortent de terre à une température de 14 ou 15 degrés. Leur débit est de 1,500 hectolitres en 24 heures.

Les sources du Raillat et de Carsalade, bien qu'ayant des propriétés analogues, sont fort différentes de goût, mais toutes deux sont les plus riches du monde en chlorure de sodium.

Sauveterre-de-Béarn. — Vieux pont.

Sauveterre-de-Béarn. — Le Gave.

Château de Bellocq. — Le village et le château de Bellocq sont situés à un kilomètre environ de la gare de Puyoo. Mais Puyoo n'étant guère qu'une gare d'embranchement pour la ligne de Salies-de-Béarn, on s'y arrête rarement, et l'on vient plus communément de Salies pour visiter Bellocq. La distance à parcourir est alors de 6 kilomètres au moins.

Si l'on peut s'arrêter entre deux trains à Puyoo, on prend la route de gauche en quittant la gare, on traverse la ligne de Dax au premier passage à niveau, puis le Gave sur un pont métallique, et bientôt les hautes tours de Bellocq se présentent à gauche.

Ce château, construit au XIVe siècle, était la résidence de Jeanne d'Albret, quand elle venait prendre les eaux à Salies. Il en reste quatre tours rondes que la verdure envahit et toute l'enceinte formée de murs épais et élevés. La porte d'entrée est sur les bords du Gave, où deux tours carrées se reflètent. L'intérieur a été transformé en jardins.

Ruines du château de Bellocq.

Tarbes. — Cloître du jardin Massey.

HAUTES-PYRÉNÉES

I. — TARBES

TARBES. JARDIN MASSEY. CLOÎTRE DU JARDIN MASSEY. — Tarbes est une ville de 25,000 âmes, bâtie sur la rive gauche de l'Adour, à 831 kilomètres de Paris, sur la ligne de Bayonne à Toulouse. C'est un centre militaire important et les casernes y forment une petite ville. Un embranchement du chemin de fer du Midi relie Tarbes à Morcenx et c'est la ligne la plus courte vers Bordeaux. Une autre ligne gagne Bagnères-de-Bigorre. On ne trouve à Tarbes aucun monument curieux. C'est que la ville fut dévastée en 1569 par Montgomery, puis presque entièrement détruite quelque temps après par le vicomte de Montamat, un de ses lieutenants. Elle eut beaucoup à souffrir des guerres de religion.

Tarbes. — Le jardin Massey.

Tarbes. — Fontaine monumentale.

En 1814, les Anglais y battirent l'armée française.

Il faut cependant citer, à Tarbes, la fontaine monumentale et le jardin public, dit jardin Massey, du nom de son donateur, magnifique parc situé près de la gare. Un pavillon assez élégant abrite le musée. Dans la partie de droite, un élégant cloître du XVe siècle, formant un carré de 17 à 18 mètres de côté. Il provient de l'église de Saint-Sever-de-Rustan.

Le musée est surmonté, au milieu de sa façade principale, d'une tour en brique assez élégante. Du sommet de cette tour, on a une vue étendue sur la ville, et l'horizon est borné au sud-ouest par les hauts sommets pyrénéens.

II. — ARGELÈS

ARGELÈS. — Argelès, à 13 kilomètres de Lourdes, dans la vallée du gave de Pau, est un chef-lieu d'arrondissement où l'on compte à peine 2,000 habitants, et que Lourdes tend à supplanter. La petite ville, agréable et pittoresque, est bâtie sur les pentes du Gez, à 457 mètres d'altitude.

La route de Lourdes à Pierrefitte passe au bas de la ville, mais un double raccord, avant et après la ville, permet de monter à la place et de traverser Argelès. Elle domine ainsi le Gave qui passe dans le bas de la vallée, et qui reçoit lui-même un petit torrent, le gave d'Arrens, descendu du Balaïtous et du Néouvieille. La vallée d'Argelès est large, entourée d'un cirque de montagnes superbes, et son climat, très doux l'hiver, en fait une station balnéaire fréquentée en toute saison. Des thermes y reçoivent les eaux sulfureuses contenant de l'iode, du brome et du chlorure de sodium, qui sortent du schiste ardoisier à Gazost, à 15 kilomètres de là, dans la vallée du Nez, au pied du mont Aigu.

Argelès. — Vue générale.

D'Argelès, une belle route de montagne gagne, par des pentes assez bien ménagées, Aucun et la vallée d'Arrens, le col de Saucède, au pied du Gabizos, puis, par les cols d'Aubisque et de Tortes, redescend sur les Eaux-Bonnes et Laruns. C'est une des plus belles promenades qu'il soit possible de faire dans les Pyrénées.

Lourdes. Chateau. Basilique. Grotte. Lac. — Lourdes est à 819 kilomètres de Paris

Lourdes. — Vue générale prise du château.

par Agen, 852 par Bordeaux et Tarbes, 859 par Pau, 890 par Montauban et Toulouse. En tous cas, on compte 40 kilomètres de Pau à Lourdes, 20 kilomètres de Lourdes à Tarbes, et 21 kilomètres de Lourdes à Pierrefitte.

Deux routes mènent de Pau à Lourdes : l'une par Pontacq, moins accidentée et plus courte, l'autre par les bords du Gave, par Bétharram, plus montueuse mais incomparablement plus belle, car elle découvre d'admirables horizons sur les derniers contreforts des Pyrénées qui dominent la rive gauche du Gave aux abords de Lourdes, puis, en approchant de Pau, sur les hautes cimes pyrénéennes.

Lourdes comprend deux parties bien distinctes : la ville proprement dite, qui escalade la rive droite du Gave et que domine un vieux château extrêmement pittoresque, et la ville religieuse, sur la rive gauche du Gave, avec son parc, sa triple basilique, sa grotte miraculeuse, ses monuments religieux.

Lourdes. — Le lac.

Lourdes est le pèlerinage le plus fréquenté de l'univers. et l'on peut dire que la ville, elle-même, n'est qu'une immense auberge. Au moment des grands pèlerinages des mois d'août et de septembre, lorsque les visiteurs du sanctuaire arrivent à Lourdes par quarante ou cinquante mille, la ville entière s'apprête à recevoir cette armée. Aussi Lourdes, qui n'était au milieu du XIXe siècle qu'un village groupé autour du château, prend chaque jour un développement plus considérable et compte aujourd'hui près de 10,000 habitants.

En dehors de la ville religieuse, il faut visiter le château, d'où l'on a une vue merveilleuse, et monter par le funiculaire au pic de Ger, d'où l'on embrasse un très beau panorama sur les Pyrénées.

Après ces deux visites, il faut descendre au bord du Gave, le traverser sur l'un des deux ponts qui le franchissent et gagner la basilique. En bas, s'ouvre l'église du Rosaire, d'une architecture un peu lourde ; derrière se trouve la crypte, et au-dessus, la basilique proprement dite. Dans le rocher qui la porte, s'ouvre, du côté du Gave, la grotte miraculeuse où la Vierge apparut à Bernadette

Lourdes. — Le château.

Soubirous, en 1858. Tout auprès, à gauche, sont les piscines. Des tramways électriques réunissent la basilique à la gare et au funiculaire du pic de Ger. Une usine électrique permet d'illuminer à certains jours la basilique.

Au devant de l'église du Rosaire, se trouvent la croix des Bretons, la statue de saint Michel et la croix lumineuse. A gauche de la basilique, sur un rocher isolé, d'où l'on a une très belle vue sur la ville, est le calvaire.

Enfin, à trois kilomètres de Lourdes, sur la route de Pau par Pontacq, on rencontre un petit lac aux rives charmantes, dit lac de Lourdes, en partie envahi par les joncs, et qui couvre une cinquantaine d'hectares.

Les environs de Lourdes ne sont guère moins curieux que la ville elle-même. Sans parler du lac, qui mérite une visite, et du pic de Ger, d'où l'on embrasse un des plus beaux panoramas qui soient au monde, on peut faire d'autres promenades, excursions ou ascensions, qui ne manquent pas d'intérêt.

A vingt minutes du Calvaire, on peut visiter la grotte du Loup, où l'on a découvert nombre d'ossements d'animaux et des outils de l'époque préhistorique.

Lourdes. — La grotte.

Divers sommets, autour de Lourdes, méritent une ascension, d'ailleurs presque toujours facile. Le Béout (792 mètres) exige trois heures aller et retour. Le Soum d'Exh (914 mètres) demande quatre à cinq heures. Le pic d'Alian (1,092 mètres) est une ascension un peu plus longue et l'on compte environ neuf heures tant pour la montée que pour la descente. Enfin une magnifique promenade consiste à aller de Lourdes à Bagnères-de-Bigorre par Loucrup. Dans la montée que l'on aborde près de ce dernier village, on a une vue superbe sur le Vignemale et ses glaciers. La distance entre Lourdes et Loucrup est de dix kilomètres. On en compte onze entre Loucrup et Bagnères-de-Bigorre.

Lourdes est sillonnée de tramways électriques qui vont de la gare à la basilique et de la gare à la station de Soum. Près de là se trouve le funiculaire qui monte au pic de Ger.

SAINT-SAVIN. — Saint-Savin est une bourgade de cinq ou six cents âmes, perchée sur une terrasse des montagnes qui ferment à droite la vallée d'Argelès, et que recommandent sa vieille église, derniers restes d'une antique et célèbre abbaye, et mieux encore l'admirable vue que l'on a sur la vallée d'Argelès.

Lourdes. La basilique.

La route qui mène à Saint-Savin se détache de la route de Lourdes à Pierrefitte, à la sortie d'Argelès. Une très dure montée, mais courte, amène sur la place de l'église, qui n'est d'ailleurs qu'à 4 kilomètres à peine d'Argelès.

Cette église, qui remonte au XIe siècle, mérite une visite : on y remarquera le portail ouest avec ses neuf colonnes, le tombeau de saint Savin, deux tableaux du XIVe siècle, en neuf parties chacun ; la salle capitulaire, et la grille sur laquelle on passe pour entrer dans le monument surmonté d'un clocher octogonal du XIVe siècle, terminé par une pointe en forme d'éteignoir.

La route au delà de Saint-Savin reste à peu près à la même hauteur sur le flanc de la montagne, jusqu'à la chapelle de Piétat, d'où l'on a encore une vue très remarquable, puis elle descend rapidement dans la vallée et rejoint la grande route de Pierrefitte, un peu avant cette dernière localité.

La vallée de Saint-Savin, qui comprend, en partie du moins, le territoire d'Argelès, de Pierrefitte, de Luz et de Cauterets, formait autrefois une république, et aujourd'hui est encore un syndicat, que le développement des voies de communications dans la région fait très prospère.

Saint-Savin. — Église.

Saint-Savin.

BEAUCENS. — Le château en ruines de Beaucens s'élève sur une terrasse qui domine la rive droite du gave de Pau, presque au confluent de ce dernier et du gave de Cauterets. Construit par les seigneurs du Lavedan, au XIIe siècle, il présente encore une enceinte, un donjon carré, et deux tours avec oubliettes. Son rôle dans l'histoire paraît assez effacé, et il se recommande surtout par son admirable situation dans la vallée d'Argelès. Dans le village un établissement thermal est fréquenté par les habitants de la région.

Au-dessus, dans la montagne,

Château de Beaucens.

Château de Beaucens.

Route de Pierrefitte à Cauterets.

on rencontre le village de Beaucens d'où un chemin pierreux monte en quelques minutes au château.

Pierrefitte. Le Gave. La route de Cauterets. Le Limaçon. — Pierrefitte-Nestalas, deux quartiers qui ne font, avec Soulom, qu'une agglomération, a été longtemps le point terminus du chemin de fer dans la vallée d'Argelès.

se trouvent les restes de l'ancienne abbaye de Saint-Orens.

On va de Pierrefitte à Beaucens par la route de Luz, qui franchit le Gave. Puis, on prend à gauche la route de Villelongue qu'on laisse à droite, et enfin, à 5 kilomètres,

Pierrefitte. — Le Gave.

Route de Cauterets. - Le Limaçon.

Aujourd'hui, si le réseau du Midi s'y arrête encore, il est prolongé par un tramway électrique qui, d'une part, monte à Cauterets et, d'autre part, gagne Luz, par les deux vallées des gaves de Pau (Luz) et du Marcadau (Cauterets).

Pierrefitte est entouré de

montagnes superbes et forme un lieu de villégiature charmant, que la facilité des communications avec Luz, Barèges, Saint-Sauveur, Gavarnie, Cauterets, rend très appréciable. Le Gave coule entre Pierrefitte et Soulom dans un paysage superbe.

Cauterets et le Péguère.

Entre Pierrefitte et Beaucens, sur la rive droite du Gave, on trouve le village de Villelongue, où l'on a installé une magnifique usine hydro-électrique d'une puissance formidable, destinée à l'éclairage des villes de Lourdes, Pontacq, Tarbes, et au transport de la force motrice dans toute la région. L'usine peut aussi entreprendre le traitement des minerais des Pyrénées par la méthode électrolytique.

La route de Pierrefitte à Cauterets est une des plus belles des Pyrénées. Elle monte par des lacets parallèles à ceux du tramway, audessus de Pierrefitte, et de cette route, on découvre un admirable point de vue sur la vallée inférieure du Gave descendu de Cauterets. On passe au pied de la mine de plomb argentifère exploitée par une Compagnie anglaise, à 1,000 mètres d'altitude, et, après avoir traversé le Gave, on arrive à l'usine électrique du tramway où commence la belle montée, dans un cadre pittoresque, du Limaçon. Enfin, à 11 kilomètres de Pierrefitte, la route atteint Cauterets. On a monté de près de 500 mètres depuis la gare de Pierrefitte.

CAUTERETS ET LE PEGUÈRE. CAUTERETS, VUE PRISE DU MAMELON-VERT. — Cauterets compte l'hiver 15 ou 1,600 habitants. L'été, c'est une grande ville, en raison des nombreux malades qui viennent demander la santé à ses eaux efficaces, et ces malades, auxquels se joignent de nombreux touristes attirés par la beauté merveilleuse de la région, atteignent parfois le nombre de 40 ou 50,000. Encore ce nombre tend-il à s'accroître.

Cauterets est dominé par de hautes et magnifiques montagnes qui l'enserrent et l'écrasent un peu ; à l'ouest, le Monné, dont on ne voit que la cime ; au nord, le Cabaliros ; à l'est, le pic de Viscos ; plus près, Peyraute à l'est, Peyrenère au triple sommet à l'ouest, le Péguère au sud.

Cauterets. Vue prise du Mamelon-Vert.

En montant au col de Riou, sur la rive droite du Gave, au fur et à mesure que, dans l'éloignement, la ville de Cauterets s'enfonce et diminue, la masse du Péguère, qui la domine, devient plus saisissante et se détache avec plus de netteté. Pour bien voir cet admirable ensemble, il faut monter au moins jusqu'à la Grange de la reine Hortense, par des lacets qui courent au milieu de bois et de prairies formant un véritable parc.

Vallée de Lutour.

On voit encore très bien Cauterets du tertre appelé le Mamelon-Vert, tertre qui domine la rive gauche du Gave.

Les eaux de Cauterets, sodiques, sulfurées, sont extrêmement abondantes. Les vingt-deux sources, qu'exploitent neuf établissements, débitent plus d'un million et demi de litres par 24 heures. Leur température varie de 37 à 52 degrés. Ces établissements, situés à des distances assez considérables les uns des autres, sont : César, Mauhourat, les Espagnols, Pauze-Vieux, le Rocher, Rieumiset, le Pré, le Petit-Saint-Sauveur, les Œufs, le Bois, et enfin la Raillière, le plus important de tous, situé à 1 kilomètre 1/2 de Cauterets, mais que dessert un tramway électrique. Le Pré et le Bois sont encore un peu plus loin et plus haut du même côté.

Ces eaux avaient une réputation bien établie dès le moyen âge. Dans les chartes de l'abbaye de Saint-Savin, il en est fait mention en 945. La sœur de François Ier, Marguerite de Valois, y venait avec sa cour ; elle y écrivit, paraît-il, au moins en partie, le recueil

Cauterets. — La Raillière.

de contes assez grivois, connu sous le nom d'« Heptaméron ». Rabelais y vint soigner sa goutte.

Les eaux de Cauterets, et notamment celles de la Raillière, sont très actives et ne seraient pas absorbées sans inconvénient à des doses exagérées. Il est indispensable de suivre avec précision les conseils du médecin.

Le séjour de Cauterets n'est pas agrémenté de distractions très variées. C'est une station de malades où l'on vient se guérir et non s'amuser. Mais les promenades des environs sont les plus belles des Pyrénées, et seul Luchon pourrait être comparé à Cauterets. De nombreux et magnifiques hôtels s'élèvent dans toutes les rues de la ville, et l'on y trouve aisément le confortable et même le luxe.

Cauterets. - Cascade du Ceriset.

La saison est d'ailleurs assez courte. Il est difficile d'arriver à Cauterets avant le 15 juin. Le 15 septembre on n'y trouve plus personne.

Cauterets. Le Ceriset. Le Pont d'Espagne. Le gave de Marcadau. — Les excursions de Cauterets sont variées et fort belles. Mais la promenade classique, la plus belle d'ailleurs, et l'une des plus faciles, puisque la route est carrossable, est le Pont d'Espagne.

Rien n'est plus beau, dans les Pyrénées, que ce trajet de 7 kilomètres. On passe au pied de la terrasse qui porte la Raillière, et on laisse à gauche la remarquable cascade de Lutour. La route s'engage alors dans les grands lacets qui mènent aux établissements du Bois et du Pré, puis elle rencontre à gauche le chemin qui conduit dans la très belle et moins connue vallée de Lutour. Elle se rapproche alors du gave de Marcadau et franchit avec lui l'entrée d'une gorge admirable, que dominent les forêts de sapins du Péguère. Le Gave, qui roule de cascades en cascades, toutes intéressantes, gronde sourdement au fond de la gorge au-dessus de laquelle la route continue à s'élever, car il faut atteindre au Pont d'Espagne la cote de 1,448 mètres, soit 400 de plus qu'à Cauterets.

A l'un des détours de la route, se présente la superbe et caractéristique cascade du Ceriset; un peu plus loin, celle du Pas-de-l'Ours, au milieu de magnifiques sapins. Enfin l'on arrive au Pont d'Espagne, l'un des sites les plus admirables des Pyrénées.

Le Pont d'Espagne est une arche en maçonnerie jetée sur le Gave formé par le confluent du torrent de Marcadau à droite, et du torrent descendu du lac de Gaube à gauche. Le torrent de Marcadau descend en cascatelles au milieu de sapins énormes. Le torrent du lac de Gaube se précipite en une chute splendide, puis s'élargit pour se réunir avec le torrent de Marcadau en une série de cascades que domine le Pont d'Espagne.

La vallée du Marcadau, qu'un sentier muletier traverse, est une promenade qu'on ne saurait trop recommander et qui mériterait de tenter quelques-uns des innombrables touristes qui bornent leur visite au Pont d'Espagne.

Pour bien voir toutes ces cascades, il faut se déplacer de quelques pas et cela suffit à leur donner tout leur éclat. La réunion des deux torrents est très belle, quand on la voit des bords du Gave écumant, un peu au-dessous du pont. Du pont même, le gave de Marcadau, avec ses cascades charmantes, se présente sous son meilleur aspect, avec le pont rustique qui le franchit au milieu des sapins.

Pont d'Espagne. — Chute supérieure.

Enfin la chute supérieure qui tombe du lac de Gaube se présente dans toute sa majesté, quand on escalade un petit tertre ombragé, qui domine la rive droite du gave de Marcadau. Une hôtellerie est installée au Pont d'Espagne et peut rendre des services quand on veut faire des excursions dans la région.

Pont d'Espagne. — Ruisseau de Marcadau.

Les deux principales excursions qui ont le Pont d'Espagne comme point de départ sont, nous l'avons dit, le lac de Gaube et le port de Marcadau. L'excursion du lac de Gaube, nous le verrons plus loin, est très appréciée des baigneurs de Cauterets, parce qu'elle est courte et n'exige qu'un faible effort. Celle du port de Marcadau exige dix heures à pied, si l'on part de Cauterets, et sept ou huit seulement, si l'on se fait conduire en voiture au Pont d'Espagne.

Le sentier, parfaitement tracé, suit la rive du torrent de Marcadau et pénètre dans le bassin de Cayan, formé de pelouses, avec des massifs de sapins. On franchit plusieurs fois le Gave et on escalade une sorte de ressaut de rochers, appelé l'Escalier de la Pourterre, et de là on aperçoit le port de Marcadau.

On gagne bientôt la Cabane du Marcadau, où, à la rigueur, on peut passer la nuit, et, à l'altitude de 2,556 mètres, on arrive au port, que dominent le pic de Péterneille et d'autres sommets trop élevés pour laisser apercevoir le Vignemale.

C'est la frontière d'Espagne.

Cauterets. — Le Pont d'Espagne.

Le lac de Gaube. — Du Pont d'Espagne, un sentier muletier, que l'initiative du Touring-Club transformera bientôt en route carrossable, mène en moins d'une heure au lac de Gaube.

La première partie du chemin est assez dure, car la pente est très forte. Elle est d'ailleurs de toute beauté. A travers les rochers, au milieu des sapins, avec d'admirables clairières formant de vertes prairies où broutent les troupeaux, avec un horizon borné par des crêtes élevées et aux silhouettes magnifiques, le sentier s'élève peu à peu le long du torrent, et tout d'un coup débouche devant la nappe d'eau d'un bleu intense, entourée de montagnes superbes, que coupe au fond la raie blanche de la cascade alimentée par les glaciers du Vignemale. Les pentes neigeuses du Vignemale bornent l'horizon et tout autour le lac est encaissé entre des parois dénudées qui s'élèvent à 2,500 ou 3,000 mètres.

Le chemin du lac de Gaube.

Le lac est à 1,789 mètres d'altitude. Il mesure 320 mètres de large et 740 mètres de long.

Sur le bord, un petit monument rappelle

l'accident des époux Patterson, qui y trouvèrent la mort dans leur voyage de noces.

Il ne faut pas une heure pour aller du Pont d'Espagne au lac de Gaube. Mais les touristes peu pressés et bons marcheurs pourront ne pas borner leur promenade au lac. Ils peuvent ou bien traverser le lac sur l'un des bateaux que possède l'auberge située sur les bords du lac, et cette promenade est exquise, ou bien contourner le lac par le sentier qui en fait le tour. On se dirige ainsi vers la base du Vignemale, dont on franchit les premières pentes par cinq échelons successifs sur lesquels le Gave, qui alimente le lac, se brise en cascades dont la plus importante porte le nom caractéristique de Splumous.

En une heure et demie, on atteint la cote 2,130 et l'on arrive aux Oulettes. C'est un des plus admirables paysages des Pyrénées. On dirait une énorme vague de rochers hauts de 1,000 mètres, qui semblent prêts à s'écrouler.

Le lac de Gaube.

Aux ascensionnistes hardis, on peut conseiller de pousser encore plus loin et d'aborder les glaciers du Vignemale, ce qui demandera encore deux heures de marche. De là, en quatre ou cinq heures, on pourrait, par le col du Vignemale, redescendre à Gavarnie.

Vallée de Luz. Chateau Sainte-Marie. Esquièze. Église des Templiers. — Luz est un village de 1,500 habitants, à 13 kilomètres de Pierrefitte, sur le Bastan, un peu au-dessus de son confluent avec le gave de Pau. Un tramway électrique y amène de Pierrefitte; il emprunte d'ailleurs l'admirable route creusée sur les bords du Gave, dans une vallée magnifique entre ces deux localités.

Luz. — Château Sainte-Marie.

Luz est le point de départ de la route de Saint-Sauveur et de Gavarnie à droite, de Barèges et du Tourmalet à gauche. La petite ville, comme écrasée par le Bergons, n'est pas encore tout à fait engagée dans la chaîne pyrénéenne et, bien qu'on monte de 200 mètres entre Pierrefitte et Luz, cette dernière ville peut être considérée comme le point terminus de la vallée. De là, pour gagner Gavarnie, il faudra gravir 700 mètres, près de 600 pour arriver à Barèges, distant seulement de 7 kilomètres.

On remarquera à Luz deux monuments intéressants : la vieille église fortifiée, bâtie au XIIe siècle par les Templiers, et les ruines du château Sainte-Marie (XIVe siècle) dont les deux tours pittoresques, perchées sur un plateau rocheux, dominent de près de 100 mètres la rive du Bastan. De ce château on a une très belle vue sur Saint-Sauveur, sur les vallées de Luz et de Barèges.

Luz est une station thermale assez fréquentée. Il n'existe aucune source aux abords mêmes de la ville. Mais à 500 mètres de Barèges, on a capté une source sulfurée, sodique, la source Barzun, très abondante, puisqu'elle débite cent mètres cubes par jour, et cette source est amenée par des canaux souterrains à Luz. Elle jaillit à près de trente degrés et elle en perd deux dans les tuyaux d'adduction.

L'établissement thermal, entouré d'un joli jardin, est situé à gauche de la route qui conduit à Saint-Sauveur.

Les excursions des environs de Luz sont magnifiques et presque toutes aisées. Sans parler des promenades à Pierrefitte, à Saint-Sauveur, à Gavarnie, à Héas, à Barèges, on peut monter au Bergons, d'où le touriste a une vue splendide, et passer à Cauterets par le col de Riou.

Vallée de Luz.

Pour bien voir Luz et sa vallée verdoyante, que sillonnent des lignes de peupliers plantés sur les bords de tous les ruisseaux qui la sillonnent, il faut monter sur un plateau rocheux qui, coupé à pic, domine Luz de près de cent mètres, et sur lequel s'élève la chapelle de Solferino.

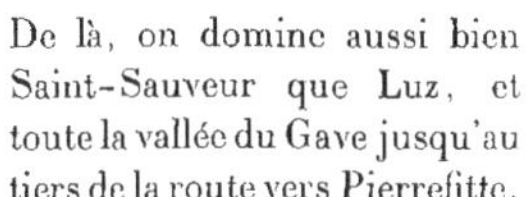

De là, on domine aussi bien Saint-Sauveur que Luz, et toute la vallée du Gave jusqu'au tiers de la route vers Pierrefitte.

Les deux routes de Gavarnie par Luz et par Saint-Sauveur, séparées par le profond ravin du Gave, se distinguent très nettement et on voit leur jonction après le pont Napoléon. La vallée du Bastan elle-même s'ouvre aux pieds du spectateur, mais elle est bientôt limitée par les montagnes qui enserrent Barèges et qui empêchent d'apercevoir le pic du Midi et le col du Tourmalet.

Luz. — Église des Templiers.

Luz. — Vue sur Esquièze.

La vallée est parsemée de petits villages qui forment des taches blanches sur la verdure des prairies. Le plus important de ces villages est Esquièze, au pied du château Sainte-Marie.

Saint-Sauveur. Vue générale. Colonne de la duchesse de Berry. Le pont Napoléon. — Saint-Sauveur est un hameau à 759 mètres d'altitude, suspendu sur une terrasse au bas de laquelle gronde, à une grande profondeur, le gave de Pau, qui vient de Gavarnie.

Saint-Sauveur. — Colonne de la duchesse de Berry.

Saint-Sauveur est à 2 kilomètres de Luz, situé, dans la vallée, sur l'autre rive du Gave, ou plutôt sur le Bastan descendu de Barèges, un peu avant son confluent avec le gave de Pau. Le ravin où coule le Gave devant Saint-Sauveur est envahi par la verdure qui le dissimule, mais en fait une promenade charmante. La montagne où Saint-Sauveur s'adosse est également très verdoyante.

La route de Pierrefitte à Gavarnie traverse Saint-Sauveur, qui n'est en quelque sorte qu'une longue rue formée par cette route. On pourrait ne pas traverser Saint-Sauveur et passer par Luz. Les deux routes se rejoignent au pont Napoléon à la sortie de Saint-Sauveur. Un petit embranchement les réunit également avant le village.

A l'entrée de Saint-Sauveur, sur un rocher qui domine le ravin du Gave, on aperçoit une colonne de marbre rappelant le séjour que fit, en cette ville, la duchesse de Berry. A l'extrémité opposée, pour rejoindre la route qui vient de Luz, on a jeté, en 1860, un pont en maçonnerie d'une seule arche de 47 mètres d'ouverture. Du haut du pont on a une vue magnifique sur la gorge de Saint-Sauveur.

Les eaux de Saint-Sauveur, distribuées dans les établissements des Thermes et de Hontalade, sont sulfurées sodiques et fournissent près de 1,500 hectolitres par 24 heures; elles sont à la température de 34 degrés aux Thermes et 20 degrés à Hontalade, située à 250 mètres plus haut dans la montagne.

La promenade classique de Saint-Sauveur, sans parler de Gavarnie, est l'ascension du Bergons, qui domine Luz et Saint-Sauveur.

Le Bergons a 2,070 mètres de hauteur. Ce n'est donc pas un des sommets les plus élevés des Pyrénées. Mais sa situation isolée en avant de la grande chaîne, en fait une sorte de belvédère d'où l'on embrasse un remarquable ensemble.

L'ascension en est facile. On peut monter à cheval jusqu'au sommet, et la durée du trajet, montée et descente comprises, n'est guère que de cinq ou six heures. Tous les touristes qui disposent d'un peu de temps à Saint-Sauveur, peuvent entreprendre cette petite course qui ne peut effrayer personne.

Saint-Sauveur. — Vue générale.

Une autre ascension, qui serait un peu plus malaisée, sans exiger pourtant un effort bien considérable, serait celle du Som de Nère, qui s'élève à 400 mètres plus haut que le Bergons et qui demanderait une dizaine d'heures. Une partie du trajet ne peut se faire

Saint-Sauveur. — Le Gave.

qu'à pied. Enfin, par la route de Gavarnie qu'on quitterait à Gèdre, on pourrait faire une intéressante promenade à Héas et au cirque de Troumouse.

Le sentier qui part de Gèdre traverse un chaos comparable à celui de Gavarnie et gagne, en une heure et demie, le petit village de Héas, dont la chapelle, située à une demi-heure de marche, est un lieu de pèlerinage très fréquenté.

Il faut compter encore plus d'une heure entre le village de Héas et le cirque de Troumouse, immense hémicycle de près de 8 kilomètres de développement et dont les escarpements n'ont pas moins de 800 à 900 mètres de hauteur. Le cirque de Troumouse est plus beau peut-être que celui de Gavarnie, mais il est beaucoup moins fréquenté, en raison des difficultés d'accès qu'il présente. On y peut cependant aller à cheval, mais il n'y a aucune route de voiture.

Cet état de choses a déjà préoccupé le Touring-Club, et on peut espérer, à bref délai, qu'il y sera remédié.

De Héas, on peut faire un grand nombre de courses de montagne fort intéressantes.

Saint-Sauveur. — Le pont Napoléon.

Gavarnie. — Le Chaos.

Route de Gavarnie. Gèdre. Le Chaos. Vallée de Gavarnie. Le cirque. La cascade. Le pont de neige. — Le cirque de Gavarnie est un des cinq ou six sites caractéristiques et universellement connus de notre pays. Il mérite sa réputation par sa

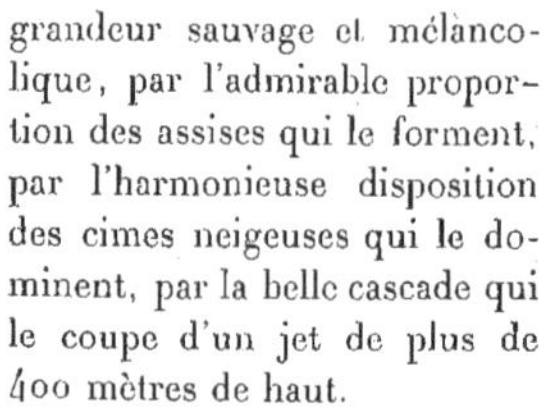

grandeur sauvage et mélancolique, par l'admirable proportion des assises qui le forment, par l'harmonieuse disposition des cimes neigeuses qui le dominent, par la belle cascade qui le coupe d'un jet de plus de 400 mètres de haut.

La belle route qui conduit à Gavarnie part du pont Napoléon et suit la rive droite du Gave, qu'elle franchit au pont de Scia, au sortir d'un beau défilé. Elle

Vallée de Gèdre.

traverse à nouveau le Gave, qui bouillonne de cascades en cascades, au pont de Desdouroucat, où elle entre dans le bassin de Pragnères, et arrive au village de Gèdre, au pied du Coumélie dont on va gravir un des escarpements.

Gèdre, point de départ pour

Vallée de Gavarnie.

Gavarnie. — Le Chaos.

Héas et le cirque de Troumouse, dont le Touring-Club se dispose à faciliter l'accès, possède une belle cascade formée par le gave de Héas.

Trois grands lacets amènent le touriste à l'entrée du Chaos, énormes éboulis formés par l'écroulement d'un contrefort du Coumélie et que la route traverse. Enfin, après 19 kilomètres et demi de trajet depuis Luz, on entre dans le village de Gavarnie.

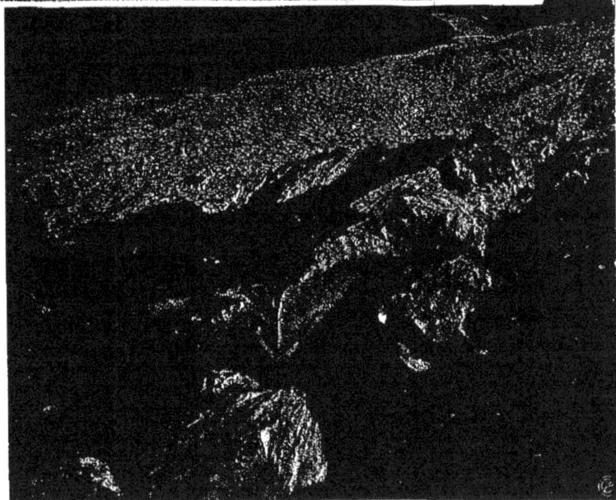

Gavarnie. — Le pont de neige.

Du Chaos on aperçoit déjà le cirque avec ses principaux sommets : le Cylindre, le Marboré, le Casque et la Brèche de Roland, le Taillon. Mais du village de Gavarnie à l'entrée du cirque, où se trouve l'hôtellerie, on compte encore 4,500 mètres, et la route se termine au village. Après Gavarnie, la route carrossable est remplacée par un simple sentier qui tantôt suit le Gave, tantôt le traverse à gué, tantôt monte au-dessus du ravin où il coule, pour aboutir à l'hôtellerie.

Cascade de Gavarnie.

De là au pont de neige et à la cascade de Gavarnie on met environ un quart d'heure, et une heure si l'on veut aller au fond du cirque.

Les murs verticaux du cirque, coupés de trois ou quatre terrasses constamment couvertes de neige, se dressent presque d'un seul coup à plus de 2,000 mètres au-dessus du fond du cirque creusé en hémicycle dans les flancs du Marboré. La cascade qui tombe à gauche est formée par l'eau qui s'écoule de divers glaciers. Elle jaillit de la muraille et tombe d'un seul jet par une chute de 422 mètres. Au pied de la cascade, des entassements de neige, qui ne cèdent qu'au soleil d'août, forment un pont sous lequel passe le torrent, origine du gave de Pau.

Pour bien voir le cirque, il faut monter

Le cirque de Gavarnie.

par le sentier qui mène à la Brèche de Roland. Au fur et à mesure qu'on s'élève, l'immense hémicycle se montre dans son ensemble avec ses imposantes et majestueuses assises.

Barèges.

Barèges. Le col du Tourmalet. — A Luz commence la montée de 18 kilomètres qui ne se terminera qu'au col du Tourmalet. Au premier tiers de la route se trouve Barèges.

Barèges, sur la rive gauche du Bastan, qui a plus d'une fois endommagé le village, est un simple hameau presque inhabitable l'hiver, pendant lequel une épaisse couche de neige le recouvre. Il est situé à 1,232 mètres d'altitude et renferme un établissement thermal où les eaux sulfureuses iodurées ou arsenicales sont fournies par treize sources. Ces eaux sont très énergiques et ont une valeur curative supérieure peut-être à toutes les autres.

Barèges. — Le Bastan.

La montée du Tourmalet est très dure, d'autant plus que la route est médiocre. Cependant le concours de bicyclettes de tourisme organisé en 1902 par le Touring-Club de France a prouvé qu'elle ne pouvait pas décourager un cycliste un peu exercé.

Bagnères-de-Bigorre. — Vue générale.

III. — BAGNÈRES-DE-BIGORRE

Bagnères-de-Bigorre. Vue générale. Tour de l'Horloge. Église. — Si Tarbes est situé dans la vaste et fertile plaine de l'Adour, Bagnères-de-Bigorre, à 22 kilomètres de Tarbes et 853 de Paris, est au pied même des montagnes.

C'est une jolie ville, à 550 mètres d'altitude, dont les eaux thermales attirent chaque année de nombreux malades. C'est, pour Tarbes, un lieu de villégiature et on peut dire que l'été la préfecture tout entière émigre chaque dimanche dans ce gracieux séjour.

La ville est comme enfouie entre des hauteurs qui n'atteignent pas 1,000 mètres, et dont le Bédat, aux pentes boisées, est la plus remarquable. Mais derrière ce premier rideau, s'élèvent les grandes cimes du Monné, du mont Aigu, de l'Arbizon et surtout du pic du Midi, qui pousse son sommet neigeux jusqu'à 2,877 mètres.

Les sources, dont la température est très diverse, puisqu'elle varie entre 19 et 51 degrés, se divisent en cinq groupes : 1° les eaux sulfatées calciques (Salies, Marie-Thérèse); 2° les eaux sulfatées (Salut); 3° les eaux ferrugineuses froides (Grand-Pré, la Ville, Angoulême, Lavigne); 4° les eaux sulfurées sodiques (Labassère); 5° les eaux sulfhydriques (la Tour).

Le centre de Bagnères est la promenade des Coustous, qui se termine près de la place Lafayette. L'église Saint-Vincent s'élève à l'extrémité des Coustous, à droite. Avec la tour de l'Horloge, c'est à peu près tout ce qu'on peut citer à Bagnères comme monuments curieux. Cette vieille tour, appelée aussi tour des Jacobins, de forme octogonale, est le seul reste d'un ancien couvent fondé au XIVe siècle ; elle est haute de 44 mètres. Tout autour sont d'antiques maisons du XVIe siècle qui méritent au moins un regard.

Les monuments de Bagnères sont les établissements de bains : Néo-Thermes, Thermes, bains du Grand-Pré, établissement de Salut, etc. Quelques-unes des sources sont si abondantes et tellement minéralisées, qu'on a dû les couper avec l'eau d'un ruisseau voisin, la Sarre.

Les promenades de Bagnères-de-Bigorre sont nombreuses et presque toutes fort intéressantes. La plus facile est celle du Bédat, et le chemin de la fontaine ferrugineuse qui y conduit, enfoui sous des ombrages frais et touffus, promène le touriste dans un véritable parc.

Nous parlons plus loin du col du Tourmalet et du pic du Midi, qui sont encore des excursions classiques à Bagnères. On passe, en effet, très facilement de Bagnères-de-Bigorre à Barèges par le Tourmalet, en sept ou huit heures. L'ascension du pic du Midi exige une grande journée.

Bagnères-de-Bigorre. — Église.

Bagnères. — Tour de l'Horloge.

Vallée de Campan. Gripp. Le pic du Midi. Cascades du Tourmalet et de Tramesaygues. — La plus belle excursion de Bagnères est une promenade dans la haute vallée de l'Adour, c'est-à-dire dans la vallée de Campan.

Campan est à 8 kilomètres de Bagnères. Une bonne route, qui court parallèlement à l'Adour, conduit à ce gracieux village caché au fond d'une vallée charmante qu'encadrent des montagnes sauvages à l'aspect imposant. De Bagnères à Campan, la route a une pente assez faible. De Campan à Sainte-Marie (4 kilomètres), la pente augmente ; au-dessus de Sainte-Marie, les rampes deviennent assez fortes, mais dépassent rarement 9 pour 100. A Sainte-Marie, on peut laisser à gauche la route qui franchit le col d'Aspin et descend ensuite dans la vallée d'Arreau. En continuant à suivre cette route, on remonterait au col de Peyresourde, et on redescendrait à Luchon.

La route de droite mène à Gripp, puis, s'élevant par d'immenses lacets sur les contreforts du pic du Midi, dont on aperçoit très nettement les bâtiments de l'observatoire, elle gagne par une longue montée, d'autant plus rude qu'on approche plus de la fin, le col du Tourmalet, et redescend sur Barèges, Luz et Lourdes. C'est cette route qui a vu courir l'épreuve cycliste organisée en 1902 par le Touring-Club de France.

La route qui monte du côté de Bagnères est plus dure peut-être, mais meilleure que celle qui gagne le Tourmalet du côté de Barèges. Dans tous les cas, il faut compter environ 18 kilomètres de montée à peu près sans palier et avec rampes qui ne sont jamais inférieures à 7 pour 100, ni supérieures à 11, de quelque côté qu'on monte.

L'aspect de la vallée de Gripp, vue des pentes de la route du Tourmalet, est absolument magnifique. C'est un horizon immense et superbe, dans lequel les sapins, d'un vert sombre, et les villages tout blancs, forment des taches au milieu des cascades de toute beauté, formées par les torrents qui viennent apporter leur tribut à l'Adour ou à son premier affluent, le ruisseau du Tourmalet.

Gripp. — Cascade du Tourmalet

Parmi ces cascades, quelques-unes sont justement célèbres : celle de Tramesaygues, celle du Tourmalet, celle de Garet, toutes trois à proximité de Gripp.

Le pic du Midi, assez facilement accessible, soit de Bagnères, soit de Barèges, est terminé par une sorte de plate-forme où l'on a construit un observatoire. Fondé en 1855, sous les auspices du général de Nansouty, qui y

La route du Tourmalet et le pic du Midi.

passa vingt-huit ans, et considérablement augmenté en 1882, il est en communication télégraphique avec Barèges, Bagnères et Tarbes.

Gripp. — Cascade de Garet.

L'ascension de Barèges demande environ quatre heures à la montée et trois heures à la descente. Elle est un peu plus longue du côté de Bagnères. On peut presque toujours, l'été, aller à cheval jusqu'au sommet, ou tout au moins jusqu'à l'hôtellerie.

Le trajet peut être singulièrement facilité si l'on se fait conduire en voiture aux cabanes de Thou, près du col du Tourmalet. On n'a plus guère alors que deux à trois heures de montée pour atteindre l'observatoire.

De l'observatoire, on embrasse un immense et admirable panorama. Une partie des montagnes des Basses-Pyrénées, les sommets neigeux et escarpés des Hautes-Pyrénées, les pics qui dominent Luchon, la vallée de l'Adour jusqu'à Pau, se profilent avec une netteté extraordinaire. Enfin, à l'est, on peut distinguer les pics de l'Andorre.

L'observatoire est situé sur une terrasse que le pic domine de 7 mètres seulement ; il présente au sud une façade de 26 mètres. Les bâtiments d'habitation communiquent par un souterrain avec l'observatoire, en cas de mauvais temps et des neiges qui atteignent parfois une épaisseur de plusieurs mètres.

LANDES

I. — MONT-DE-MARSAN

Mont-de-Marsan. Vue générale. — Mont-de-Marsan est situé au confluent de deux ruisseaux : le Midou et la Douze, qui, après leur réunion, portent le nom de Midouze. On y compte 11 ou 12,000 habitants. Le chef-lieu des Landes est desservi par la ligne de Morcenx à Tarbes, et par celle de Mont-de-Marsan à Marmande. Mais malgré ces facilités de communication, il attire peu les touristes. Il n'y a rien à voir à Mont-de-Marsan, ni aux environs. Seuls les bords de la Midouze présentent quelques coins pittoresques et, des ponts qui la traversent, on a une vue assez agréable sur la ville, sur les ruines de ses anciennes fortifications, sur les usines qui s'élèvent sur ses bords.

Mont-de-Marsan.

Mont-de-Marsan.

La gare est située à un kilomètre de la ville, sur un plateau d'où l'on peut en embrasser l'ensemble. Les rues, assez étroites, sont bordées de belles maisons régulières.

C'est à Mont-de-Marsan qu'est né, en 1810, le maréchal de France et sénateur Bosquet.

II. — SAINT-SEVER

SAINT-SEVER. ÉGLISE. — Saint-Sever est situé sur une hauteur qui domine l'Adour, sur les bords duquel s'élève la gare. On l'appelait autrefois Cap-de-Gascogne, à cause de sa position sur une sorte de promontoire où les Romains avaient construit une forteresse et un camp.

La ville n'a de remarquable que son église, qui possède des parties très anciennes. Souvent remaniée, et endommagée par un incendie, elle mesure 80 mètres de long, 49 mètres de large, et a une hauteur sous voûte de 24 mètres.

On pourrait citer encore l'hôtel de ville et le collège, et la promenade de Morlane, située sur le terrain même où s'élevaient les constructions romaines. Du bord de cette terrasse on a une vue immense, mais un peu monotone, sur la vaste plaine que coupe seul le ruban argenté de l'Adour.

Saint-Sever. — Église.

III. — DAX

Dax. — La Fontaine chaude.

Dax. Vue générale. La Fontaine chaude. — Dax est à 733 kilomètres de Paris, sur la rive droite de l'Adour. Sur la rive gauche est le faubourg du Sablar, où se trouve la gare.

Dax compte plus de 10,000 habitants et possède des sources d'eaux chaudes et salines dont la réputation était connue des Romains. Ces eaux sont extrêmement abondantes et forment une véritable rivière souterraine. Elles sortent de terre à une température de 60 degrés.

L'Adour, au contact de ces eaux minérales, dépose des boues qui, mélangées aux eaux, en augmentent l'efficacité ; ces boues, uniques au monde, sont, paraît-il, souveraines dans le traitement des affections rhumatismales.

Dax. — Les bords de l'Adour.

La Fontaine chaude, située sur une petite place, non loin de la rive de l'Adour, est un bassin de 344 mètres de superficie entouré d'arcades grillées, au-dessus desquelles s'élève une vapeur intense.

L'eau de la Fontaine chaude se déverse à l'extérieur par des robinets où chacun peut puiser, et elle alimente,

Peyrehorade. — Ruines du château d'Apremont.

par des conduits souterrains, les Thermes Salins, les Grands-Thermes et divers autres établissements particuliers.

DAX. MAISON DE SAINT VINCENT DE PAUL. — Saint Vincent de Paul est né aux environs de Dax, dans une chaumière sise sur le territoire de Buglosse, à 7 kilomètres de Dax, sur la route de Tartas. L'apôtre de la charité y vint au monde le 24 avril 1576. La chaumière est entretenue avec un soin pieux par la communauté des Lazaristes qui a transformé sa chambre en chapelle.

Tout auprès, une belle église, un hospice de vieillards, un orphelinat et des écoles ont été construits et sont dirigés par les Lazaristes et les Sœurs de la Charité.

Buglosse. — Maison de saint Vincent de Paul.

PEYREHORADE. CHATEAU. RUINES DU CHATEAU D'APREMONT. — Peyrehorade est une jolie ville sur les bords de l'Adour, à 34 kilomètres de Bayonne. Elle compte 2,500 habitants. La gare est distante de 2 kilomètres ; mais une halte derrière sa remarquable église reçoit les voyageurs sans bagages.

Peyrehorade. — Château.

Sur les bords du Gave s'élève un ancien château, qui est devenu l'hôtel de ville. La ville est dominée par des collines sur lesquelles on monte par un sentier charmant, qui commence derrière l'église et qui amène sur un plateau où s'élèvent les ruines encore imposantes de l'ancien château d'Apremont.

Vallée de Gripp.

TABLE DES GRAVURES

DÉPARTEMENT DES BASSES-PYRÉNÉES

Arrondissement de Pau

Arrondissement de Bayonne

DÉPARTEMENT DES HAUTES-PYRÉNÉES

DÉPARTEMENT DES LANDES

Observatoire du pic du Midi.

Paris. — Imprimerie L. Pochy, 117, rue Vieille-du-Temple.

Carte ex

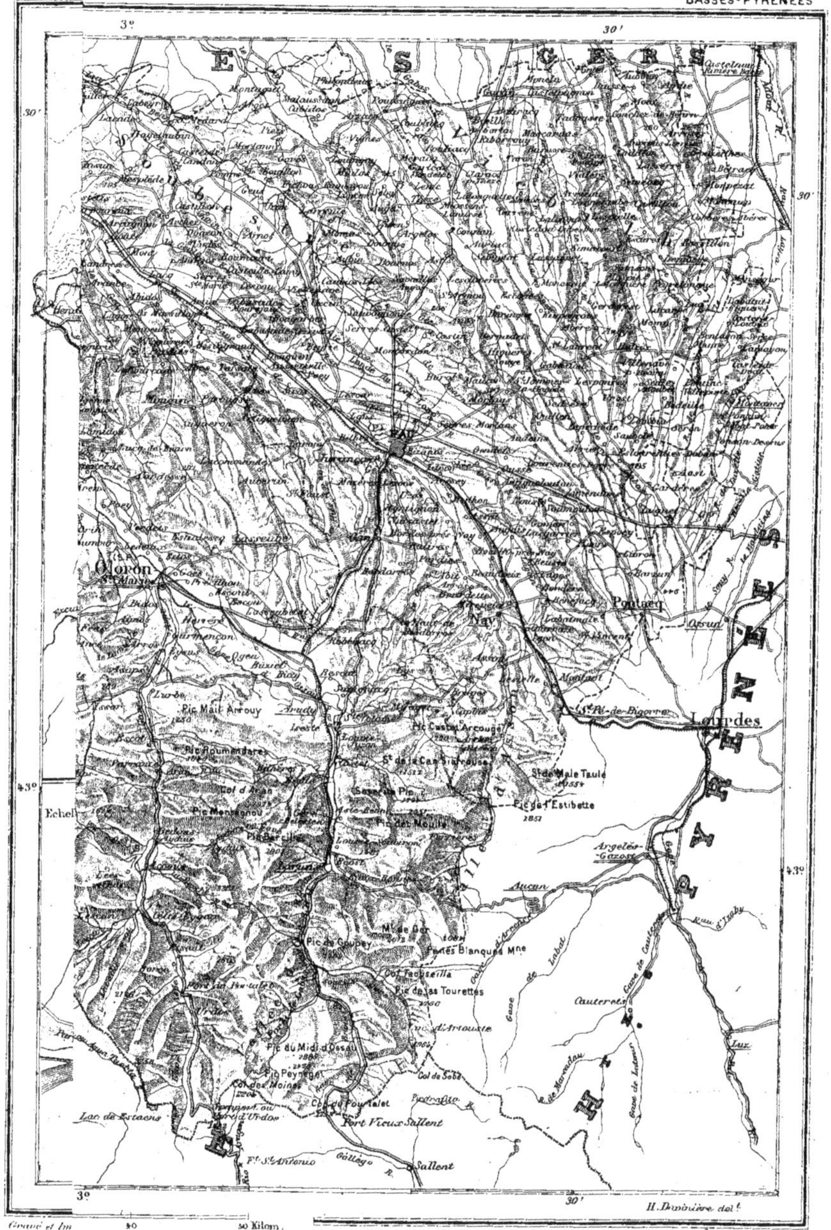

Société anonyme de la G^de^ Encyclopédie.

Carte extraite de la Grande Encyclopédie.
TOURING-CLUB DE FRANCE
Sites et Monuments
BASSES-PYRÉNÉES
GOLFE DE GASCOGNE
LANDES
GERS
Lourdes
PAU
Villes
Localités
Chefs-Lieux
(P.) Préfecture
(S.P.) Sous-Préfecture
Echelle du 1.100.000e
Société anonyme de la Gde Encyclopédie.

TARBES

Echelle du 25.000

GERS

BASSES PYRÉNÉES

HTE GARONNE

ESPAGNE

Echelle du 350.000e

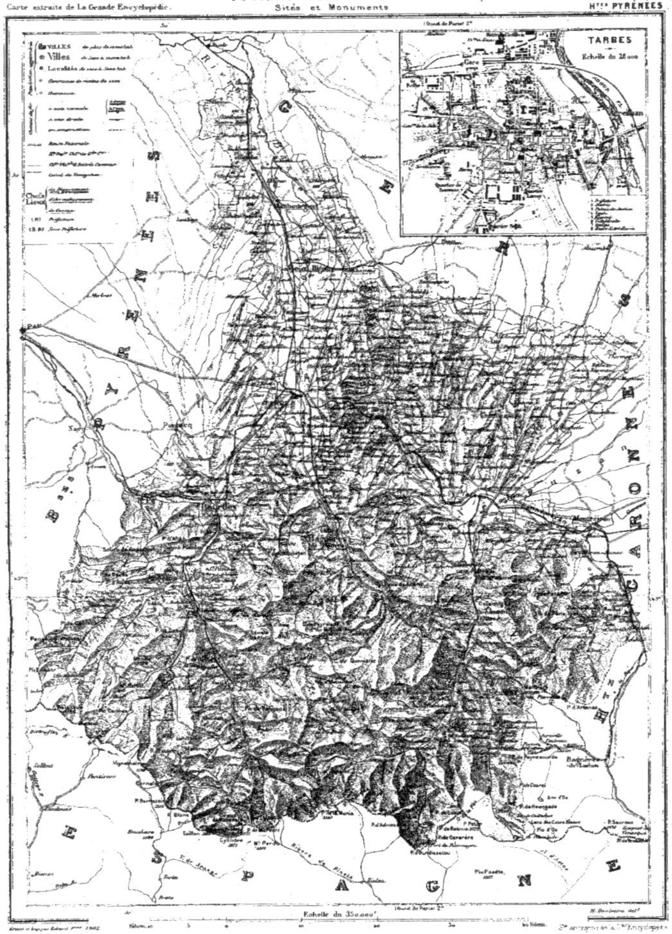

Carte extraite de La Grande Encyclopédie

TOURING-CLUB DE FRANCE

Sites et Monuments

LANDES

GIRONDE

LOT-ET-GARONNE

GERS

BASSES-PYRÉNÉES

MONT-DE-MARSAN

Echelle du 500.000e

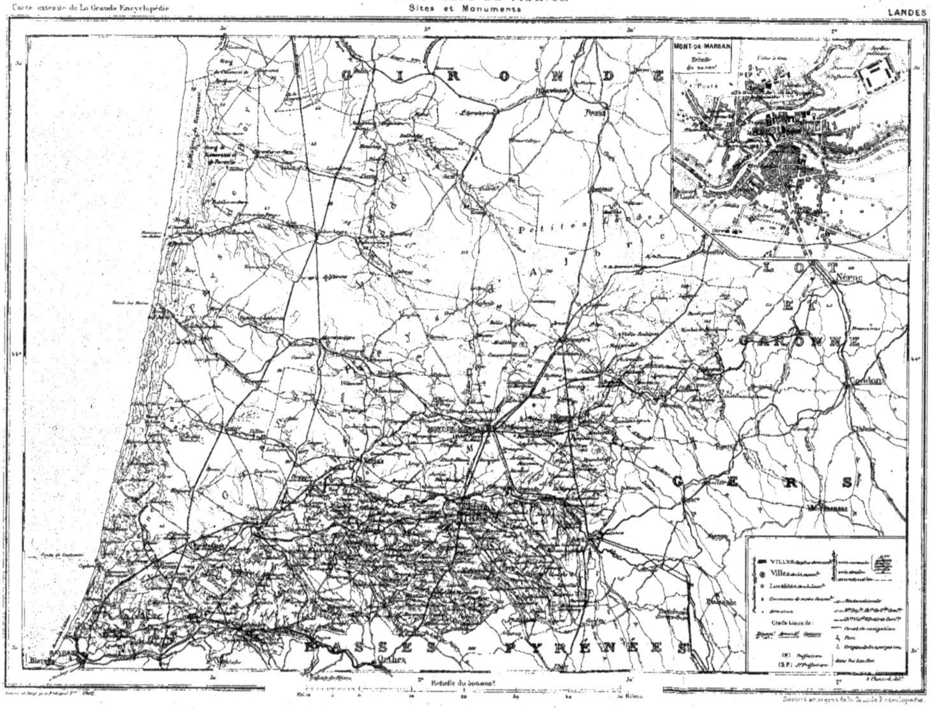

Société anonyme de la Grande Encyclopédie

Berger landais. *(Cliché de M. G. Lalanne.)*

www.ingramcontent.com/pod-product-compliance
Ingram Content Group UK Ltd.
Pitfield, Milton Keynes, MK11 3LW, UK
UKHW022118190726
13855UKWH00003B/924